AI赋能
人力资源管理
写给HR的AI使用手册

任康磊 ◎ 著

人民邮电出版社
北京

图书在版编目（CIP）数据

AI 赋能人力资源管理 ：写给 HR 的 AI 使用手册 / 任康磊著. -- 北京 ：人民邮电出版社，2025. -- ISBN 978-7-115-67857-7

Ⅰ. F243-39

中国国家版本馆 CIP 数据核字第 2025744QJ3 号

内 容 提 要

本书聚焦 AI 工具在人力资源管理中的深度应用，为读者提供可落地的 AI 提问框架、可借鉴的实战案例，助力企业以 AI 为杠杆撬动管理效能，使人力资源管理更加敏捷、高效、人性化。

本书分为 7 章，分别详细介绍了如何用 AI 助力人力资源规划、招聘管理、培训管理、绩效管理、薪酬福利管理、员工关系管理和数据分析，并采用"问题情景+提问框架+实战案例"三位一体的形式，帮助读者在 AI 重塑商业格局的当下，从经验驱动迈向"AI+经验"的双轮驱动新纪元。

本书适合所有人力资源管理从业者(各层级、各种从业经验者皆适合)，以及管理类相关专业师生阅读。

- ◆ 著　　　　　任康磊
  责任编辑　　刘　姿
  责任印制　　彭志环
- ◆ 人民邮电出版社出版发行　　北京市丰台区成寿寺路 11 号
  邮编　100164　　电子邮件　315@ptpress.com.cn
  网址　https://www.ptpress.com.cn
  北京市艺辉印刷有限公司印刷
- ◆ 开本：880×1230　1/32
  印张：6　　　　　　　　　2025 年 10 月第 1 版
  字数：134 千字　　　　　2025 年 10 月北京第 1 次印刷

定价：59.80 元

读者服务热线：(010)81055296　印装质量热线：(010)81055316
反盗版热线：(010)81055315

前言

AI 重塑人力资源管理方式

人力资源管理是企业发展的核心推动力，人力资源管理者正面临着双重挑战：既要应对人才竞争加剧、组织敏捷性需求提升等业务压力，又要解决流程效率低下、数据价值释放程度低等管理痛点。

重复的事务型工作，正在消耗 HR 的宝贵精力。而 AI（人工智能）技术的成熟，为这些难题提供了全新的解题思路。

过去十年间，HR 经历了从 Excel 表格到 SaaS（软件运营服务）系统的工具迭代，从经验驱动到数据决策的思维转型，从人事管理到战略伙伴的定位转型。

但是，许多 HR 仍然被困在大量事务型工作中：反复修改招聘海报、主观设定绩效指标、烦琐计算与核对薪酬……这些工作消耗着 HR 大量的时间，让他们难以体现战略价值。

今天，AI 工具正以惊人的速度渗透到 HR 的日常工作中，重塑着人力资源管理的工作方式。

通过 NLP（自然语言处理），AI 可以秒级时间生成精准的岗位描述；

借助 ML（机器学习）和算法，AI 可以从历史数据中预测人才流失风险；利用图像生成技术，AI 设计的招聘海报可以从数小时缩短到几分钟。

AI 能帮助 HR 通过数据洞察、优化人才策略，通过智能工具重构管理流程，让 HR 从执行者转变为分析师和设计师。

使用 AI 进行简历初筛，可以大大缩短招聘周期；通过 AI 构建岗位胜任力模型，能明显提升员工半年内的绩效达标率。

但 AI 的出现和发展，不是要取代 HR，而是将 HR 从重复的劳动中解放出来，使其专注于更需要沟通和关怀的工作，比如激发团队热情、鼓舞员工士气、解决员工困难、推动员工发展、塑造组织文化和战略布局人才等。

1.AI 重构人力资源管理的底层逻辑

传统的人力资源管理往往依赖"经验 + 规则"，而 AI 驱动的人力资源管理可以建立在三大"新基建"之上。

（1）AI 通过分析历史数据与外部变量（如行业趋势、经济指标），可以建立动态的预测模型。例如，输入业务目标、市场增速、人员流失率等数据后，AI 可以自动生成次年人力预算方案；结合岗位描述与候选人简历，AI 可以预测人岗匹配度及潜在绩效表现。

（2）AI 可以自动化设计从组织架构图绘制到培训课程开发的工作，接管重复性设计工作。例如，AI 可以 3 分钟生成符合战略需求的组织架构方案；根据岗位能力要求，AI 可以自动生成结构化面试题库；输入培训主题后，AI 可以输出包含课程大纲、案例库、测评工具的完整方案。

（3）AI 可以将传统以年度为时间变化单位的管理升级为实时优化型管理，实现敏捷管理。例如，通过持续分析员工绩效数据，AI 可以动态调整考核指标权重；通过监测薪酬市场数据波动，AI 可以自动生成薪酬竞争力分析报告；通过识别员工情绪关键词，AI 可以预警潜在劳动争议风险。

2. 本书具有从工具应用到思维升级的独特价值

市面上不乏讲解 AI 应用的图书，但专为人力资源管理垂直领域打造的图书鲜少，本书拥有三大差异化价值。

（1）效率跃迁

本书讲解了如何提升人力资源管理的工作效率，让 HR 尽可能用 20% 的时间完成 80% 的基础工作。例如，通过 AI 将一份制度文件的撰写从 3 天压缩到 3 小时；对于千人规模的培训需求分析不再依赖耗时访谈，而是通过 AI 语义分析自动归类；在岗位价值评估中，通过 AI 比对行业数据库，提供客观的岗位等级建议。

（2）精准判断

本书讲解了如何运用 AI 让人力资源管理决策摆脱经验主义，走向以数据为基础的精准判断。例如，在薪酬调研中，AI 能实时抓取行业数据，生成动态薪酬带宽曲线；在绩效评估中，通过关联分析发现被忽视的指标相关性；在员工满意度统计中，自动识别文本反馈中的情绪倾向与潜在风险。

（3）管理创新

本书讲解了如何重新定义人力资源管理的边界，实现管理创新。例如，通过 AI 模拟不同组织架构下的协作效率，找到最优方案；通过 AI 设计员工职业发展路径的个性化地图；在劳动争议发生前，通过 AI 进行行为数据风险预测并给出预案。

3. 为什么这本书值得你阅读

本书突出场景化、实战性、可复制性，拒绝空谈，直击痛点，每一章节都围绕 HR 的真实工作场景展开，举例如下。

- 如何用 AI 设计一个既能激励员工、又符合成本管控的奖金方案？
- 如何用 AI 在 10 分钟内生成 20 个不重复的面试问题，同时规避法律风险？

● 如何用 AI 分析离职面谈记录，挖掘出管理层忽视的问题？

本书以 DeepSeek、文心一言、豆包等国内主流 AI 平台工具为实践载体，提供详细的提示词（Prompt）公式、提问技巧、实战案例和注意事项，让读者可以拿来即用。

或许你会担心：AI 技术迭代太快，今天学的方法明天就过时了。但本书的核心并不在于追逐最新技术，而是培养一种 AI 思维——如何将人力资源管理的专业逻辑转化为 AI 可以理解的指令，如何在人与 AI 的协作中，找到价值最大化的平衡点。

目录

第 3 章　AI+培训管理

第 4 章　AI+绩效管理

第 5 章　AI+薪酬福利管理

第 6 章　AI+员工关系管理

第 7 章　　AI+数据分析

第 **1** 章

AI+人力资源规划

AI 有着强大的数据处理与智能分析能力，能帮助组织实施人力资源规划。从精准预测人力资源需求，到设计高效合理的组织架构；从细化岗位角色设计，到科学评估岗位价值；从设计岗位定编规则，到构建全面胜任力模型，乃至设计人才盘点方案与编写规章制度，AI 贯穿人力资源规划全流程，以数据驱动决策，让每一项规划都更加贴合企业实际需求，引领组织向更高效、更灵活的方向发展。

用 AI 预测人力资源需求

问题情景

1 最近我们公司业务扩张得特别快，但招聘总是跟不上节奏，要么招多了人，要么关键岗位缺人。这种"用人荒"和"人浮于事"交替出现的问题，该怎么解决？

2 这其实是人力资源需求预测的典型痛点。如果提前半年能预判业务增长带来的岗位缺口，就能提前启动招聘或内部培养，避免临时"抢人"或"裁员"。

3 听起来很理想，但业务部门自己都说不准未来需求，HR 怎么预测？

4 这正是关键——需求预测不是"猜数字"，而是通过历史数据（比如过去 3 年业务增长与人力投入的关系）、行业趋势（比如竞品扩张速度）、战略目标（比如公司计划明年进入 3 个新城市）等维度，建立量化模型。

5 但业务变化太快了，比如突然接到一个大订单，或者政策变动导致业务收缩，模型还管用吗？

6 所以预测需要"动态调整"。比如设定季度复盘机制，同时准备"弹性方案"；比如和劳务派遣公司合作应对短期需求激增，或者建立内部人才池。预测的目的是降低不确定性，而不是追求 100% 准确。

AI 提问框架

通用提问公式 = 业务背景 + 数据支撑 + 预测目标

描述公司当前历史数据、战略方向及外部环境，避免 AI 脱离实际。

提问要素

- **历史数据：** 如过去 3 年营业收入（简称营收）、人力成本、离职率的变化趋势。
- **公司战略：** 如计划明年开拓新市场、推出新产品线。
- **行业特性：** 如零售业受季节性影响大，制造业依赖供应链稳定性。

提供可用于预测的内部或外部数据，确保结果有依据，避免 AI 空想。

提问要素

- **内部数据：** 如过往 3 年业务数据、人力投入数据。
- **外部数据：** 如行业增长率、竞品动态、政策变化。
- **假设条件：** 如假设明年营收增长 20%。

聚焦 AI 分析方向，明确需要预测的具体内容。

提问要素

- **时间范围：** 如未来 6 个月、Q3（第三季度）。
- **岗位分类：** 如技术岗、销售岗、客服岗。
- **预测精度：** 如误差不超过 5%、区分高 / 中 / 低需求。

准备资料

要点	内容
业务数据	历史营收、利润、岗位编制、加班时长、部门用人需求清单等。
战略文件	公司年度计划、业务扩张路线图、新产品 / 新市场布局时间表等。
行业信息	行业报告、竞品动态（如人员规模、招聘计划）等。
管理需求	高层对人力成本的要求、特殊需求等。

实战案例

我公司是一家在线教育平台，计划明年进入下沉市场（三线及以下城市），预计新增用户 100 万。当前团队规模 200 人，其中教研岗 50 人、销售岗 80 人、客服岗 40 人、运营岗 30 人。过去 2 年营收年均增长 30%，但人力成本占比从 25% 上升至 30%，主要因销售岗人员扩张过快。

1. 历史数据：20×1~20×2 年用户增长与人力投入关系为每新增 1 万用户需增加 2 名销售、0.5 名教研；销售岗离职率 20%，教研岗离职率 10%；当前销售岗人均产出 50 万元 / 年⋯⋯

2. 外部数据：下沉市场竞品平均人力成本占比 25%；行业报告预测下沉市场用户增长潜力为现有用户的 50%⋯⋯

3. 假设条件：假设教研岗效率提升 15%（通过 AI 辅助备课）；假设销售岗培训后留存率提升至 80%⋯⋯

请你协助我

预测未来 6 个月（20×2 年 Q3~Q4）各岗位人力需求，重点分析教研岗和销售岗。

预测需满足以下条件。

1. 用户增长目标：Q3 新增 20 万用户，Q4 新增 30 万用户。

2. 人力成本占比控制在 28% 以内。

3. 销售岗人均产出提升 10%（通过优化培训）。

注意事项

要点	内容
数据准确性	确保输入 AI 的数据真实可靠，避免因数据错误导致预测偏差。
动态调整	每月对比实际数据与预测值，业务变化后及时修正模型参数。
多维度验证	将 AI 预测结果与业务部门经验判断结合，关注团队士气。
数据保密	预测中涉及的敏感信息（如员工薪资、竞品数据）须脱敏处理。
管理介入	AI 预测结果需经 HR 和业务部门共同确认。

1.2 用 AI 设计优化组织机构

问题情景

1 最近公司战略调整后，部门间职责重叠严重。更头疼的是，新业务线没有明确的归属部门，导致项目推进缓慢。这种组织架构问题该怎么系统性解决？

2 跨部门冲突，可以通过"RACI 矩阵"（谁负责、谁审批、谁咨询、谁知情）重新划分职责；新业务线则可以单独成立事业部，或通过"项目制 + 虚拟团队"模式快速试水。

3 但公司高层担心调整后成本增加，比如增设新部门会导致人力成本上升。

4 可以通过"价值链分析"识别核心价值环节（如研发、销售），将非核心职能（如行政、IT）外包或共享；同时用"流程再造"减少冗余环节，比如合并重复审批流程。这样既能支撑战略，又能控制成本。

5 如果业务变化快，组织架构需要频繁调整吗？

6 好的组织设计是"刚柔并济"的。刚性部分（如核心部门职责）需稳定，柔性部分（如跨部门协作机制、项目制团队）需灵活。比如可以每季度根据业务目标动态调整协作模式，而非直接修改架构。

AI 提问框架

通用提问公式 = 目标定义 + 现状分析 + 设计需求

明确组织机构设计的战略目标，帮助 AI 聚焦设计方向，避免方案脱离战略。

提问要素
- 战略目标：如 3 年内成为 AI 培训领域头部企业。
- 关键痛点：如跨部门协作效率低于行业平均水平 30%。
- 约束条件：如人力成本需控制在营收的 15% 以内。

描述当前组织架构的问题及成因，需包含具体数据或案例，为 AI 提供诊断依据，确保方案针对性。

提问要素
- 职责重叠 / 空白：如市场部与销售部重复跟进同一客户。
- 流程冗余：如审批需经过 5 个层级，平均耗时 7 天。
- 资源分配失衡：如研发部门预算占比不足 10%，但承担 60% 战略任务。

明确需要 AI 输出的类型及交付形式，将需求转化为可落地的 AI 任务，避免模糊描述。

提问要素
- 输出类型：如新组织架构图、职责分工表、跨部门协作流程优化方案。
- 交付形式：如分阶段实施计划、风险评估报告。
- 参考依据：如需结合行业标杆案例、需与现有 HR 系统兼容。

准备资料

要点	内容
战略文件	公司 3~5 年战略规划、业务线优先级排序等。
组织现状	现有架构图、岗位说明书、流程手册、跨部门协作案例等。
绩效数据	各部门 KPI（关键绩效指标）达成率、项目延期率、人力成本占比等。
员工反馈	匿名调研对协作效率的满意度、对职责清晰度的评价等结果。
行业对标	竞争对手组织架构、行业最佳实践报告等。

实战案例

目标定义

我公司计划在 20×× 年全面转型 AI 教育领域，需在现有组织架构中新增 "AI 课程研发部" 和 "客户成功部"，同时优化传统业务部门（如教学部、市场部）的协作模式。核心目标是将新业务收入占比从 10% 提升至 40%，且跨部门协作效率提升 50%。

现状分析

当前组织存在以下问题
1. 职责混乱：教学部与市场部均涉及客户触达，导致客户投诉 "重复沟通"。
2. 流程冗余：课程上线需经过教学、研发、市场三部门审批，平均耗时 15 天。
3. 资源不足：研发团队仅占员工总数的 8%，但需支撑 4 条业务线创新。

设计需求

请你协助我
1. 输出新组织架构图，明确 AI 课程研发部、客户成功部与传统部门的协作关系。
2. 提供跨部门协作流程优化方案，要求审批节点减少至 3 个以内。
3. 设计分阶段实施计划（3 个月、6 个月、12 个月），包含关键里程碑及风险预案。
4. 参考行业标杆的架构设计，确保方案符合 AI 教育行业特性。

注意事项

要点	内容
文化适配	AI 方案可能忽略隐性规则（如老员工排斥跨部门协作），需结合员工访谈补充调整。
权责平衡	需明确权限，避免过度集权或过度分权。
动态调整	每季度召开组织健康度评估会，根据业务变化迭代架构。
试点验证	优先在非核心部门（如区域分公司）试运行新架构，降低试错成本。

1.3 用 AI 做岗位角色设计

问题情景

1 最近公司业务扩张，但新员工入职后经常出现职责不清、跨部门协作混乱的情况，导致项目延期，您觉得问题出在哪里？

2 这背后往往是岗位角色设计的问题。如果岗位职责模糊，员工不知道自己的核心任务是什么，或者与其他岗位的边界不清晰，就会产生推诿或重复劳动。

3 但很多岗位说明书都是模板化的，实际工作中还是会出现"能者多劳"或"无人负责"的现象，怎么解决？

4 岗位角色设计不是简单写一份岗位说明书，而是要结合组织战略、业务流程和员工能力，明确每个岗位的"价值贡献点"。

5 如果公司业务变化快，岗位角色频繁调整，设计还有什么意义？

6 岗位角色设计的核心价值在于提供"基准框架"。即使业务调整，也能快速定位哪些岗位需要保留、哪些需要合并或拆分，从而降低管理成本。

AI 提问框架

通用提问公式 = 岗位背景 + 设计需求 + 输出要求

岗位背景

描述岗位所属的组织、业务目标及现有问题，为 AI 提供上下文。

提问要素
- **组织层级：** 如集团总部或区域分公司。
- **业务目标：** 如提升用户留存率或优化供应链效率。
- **现有问题：** 如跨部门协作效率低或岗位职责重叠。

设计需求

明确岗位角色设计的具体目标条件，聚焦 AI 的输出方向。

提问要素
- **设计类型：** 如岗位拆分、职责优化、能力建模。
- **涉及范围：** 如仅针对销售团队或覆盖全公司中台岗位。
- **关键约束：** 如需保留现有岗位数量或预算控制在 ×× 万元内。

输出要求

明确 AI 需要交付的内容形式，将需求转化为可落地的 AI 任务。

提问要素
- **交付物类型：** 如岗位说明书模板、职责边界对比表。
- **数据来源：** 如需引用行业报告或基于公司现有数据。
- **决策支持：** 如推荐 3 种优化方案并评估风险。

准备资料

要点	内容
组织基础信息	现有岗位说明书、组织架构图、业务流程图、近半年员工绩效数据等。
业务场景描述	当前业务目标、关键痛点等。
外部环境素材	行业岗位设计趋势、客户对岗位能力的反馈等。
管理者核心诉求	问题优先级、限制条件等。

实战案例

岗位背景

我公司是一家电商代运营企业，现有客服团队 50 人，分为售前组（30 人）和售后组（20 人）。近期客户投诉率上升 20%，主要问题为"响应速度慢"和"问题解决不彻底"。经分析，售前组常被售后问题打断，售后组需重复处理简单咨询（如"物流进度查询"），导致高价值问题（如"产品故障排查"）处理效率低。

设计需求

1. 拆分 / 合并需求：将"物流进度查询"职责从售后组剥离，合并至售前组。售后组新增"技术故障诊断"职责，需与产品团队协同。
2. 能力建模需求：定义售前组"快速响应能力"和售后组"技术分析能力"的核心指标；输出岗位能力矩阵，标注需培训的技能，如售后组需学习 SQL（数据库语言）查询。

输出要求

请你协助我
1. 交付岗位说明书模板（含职责、能力、协作关系）。
2. 对比新旧岗位设计的效率提升数据（如售前组日均处理量提升 30%）。
3. 提供 3 个月过渡方案（如第一周完成 AI 工具培训，第二周试点岗位调整）。

注意事项

要点	内容
业务逻辑验证	AI 生成的岗位设计需结合实际业务场景，需与团队负责人确认。
数据隐私保护	涉及员工绩效数据时，须对敏感信息脱敏（如隐去员工真实姓名）。
动态调整机制	因业务调整新增岗位时，需重新定义其与现有岗位的协作关系。
人性化管理	AI 可能忽略组织文化冲突，需管理者平衡效率与员工体验。

1.4　用 AI 做岗位价值评估

问题情景

1 最近公司准备推行岗位职级体系，但各部门对岗位价值的认知差异很大。比如技术部认为"算法工程师"比"产品经理"贡献更大，但业务部却觉得"产品经理"直接驱动收入，双方争执不下，导致薪酬调整方案一直搁置。这种情况该怎么解决？

2 用客观标准替代主观争议。可以通过"四维度评估法"（比如知识技能、工作复杂度、责任范围、环境影响）量化岗位价值，综合得分平衡双方诉求。

3 但评估后如何保证结果被员工认可？之前公司尝试过类似方法，但员工觉得"拍脑袋"的成分还是太多。

4 关键在于透明化流程。评估前需明确标准（比如"责任范围"包含决策权、预算规模、团队规模等子项），评估中让部门负责人参与制定校准和打分工作，评估后公开结果和依据。

5 如果业务模式变化快，岗位价值需要频繁调整吗？

6 建议采用"动态 + 静态"结合的方式。静态部分（比如岗位基础价值）每年评估一次，动态部分（比如项目制岗位的短期价值）通过"项目贡献度评分"灵活调整。

AI 提问框架

通用提问公式 = 评估目标 + 现状描述 + 评估需求

具体明确岗位价值评估的核心内容，帮助 AI 聚焦评估方向。

 评估目标

提问要素
- **业务场景**：如为新成立的 AI 研发中心设计职级体系。
- **决策导向**：如确保技术岗与业务岗薪酬差距合理。
- **约束条件**：如需在 1 个月内完成全公司 200 个岗位评估。

描述当前岗位管理的问题及成因，需包含具体案例或数据。

 现状描述

提问要素
- **争议焦点**：如技术岗与业务岗薪酬倒挂、新老员工同岗不同酬。
- **评估盲区**：如兼职岗位未纳入职级体系、项目制岗位价值难量化。
- **历史问题**：如上一次评估因标准不透明导致离职率上升 15%。

明确需要 AI 输出的类型及交付形式，将需求转化为可落地的 AI 任务，避免模糊描述。

 评估需求

提问要素
- **输出类型**：如岗位价值评估模型、职级与薪酬对应表、岗位说明书优化建议。
- **交付形式**：如分岗位序列评估报告、可视化雷达图。
- **参考依据**：如需结合行业薪酬调研数据、需兼容现有 OKR（目标与关键成果）体系。

准备资料

要点	内容
岗位信息	现有岗位清单、岗位职责说明书、组织架构图等。
历史数据	过往薪酬数据、离职率分析报告、员工满意度调研结果等。
业务规则	公司战略目标、部门核心职责、关键业务流程等。
行业对标	同行业岗位价值评估模型、薪酬带宽、职级体系案例等。
管理诉求	高层对岗位价值评估的核心关注点，如控制人力成本。

实战案例

评估目标

我公司计划为 AI 业务线搭建职级体系，需对 30 个技术岗（如算法工程师、数据标注员）、15 个业务岗（如 AI 产品经理、解决方案顾问）进行岗位价值评估，目标是在 3 个月内完成评估并落地薪酬调整方案，同时确保技术岗与业务岗薪酬差距不超过 20%。

现状描述

当前岗位管理存在以下问题

1. 标准缺失：技术岗与业务岗的薪酬差距由部门负责人协商决定，缺乏客观依据。

2. 评估滞后：新岗位（如 AI 训练师）未及时纳入职级体系，导致招聘时薪酬倒挂。

3. 争议频发：20×× 年因岗位价值争议导致的调薪投诉占 HR 总投诉量的 40%。

评估需求

请你协助我

1. 输出岗位价值评估模型，需包含知识技能、工作复杂度、责任范围、环境影响四个维度，并给出各维度权重建议。

2. 提供技术岗与业务岗的薪酬带宽表，要求按职级（如 P5~P8）区分，并标注行业参考值。

3. 设计评估沟通方案，包含评估流程图、员工常见问题解答、申诉机制。

4. 参考行业标杆（如商汤科技、科大讯飞）的评估案例，确保模型符合 AI 行业特性。

注意事项

要点	内容
标准校准	AI 输出的评估模型需与业务部门负责人、核心员工代表共同校准，避免黑箱操作。
动态更新	每半年更新一次评估标准，尤其是技术迭代快的岗位。
文化适配	AI 方案可能忽略隐性价值（如老员工经验沉淀），需结合企业文化补充调整。
法律合规	确保评估结果不涉及性别、年龄等歧视性因素，合法合规。

1.5 用 AI 设计岗位定编规则

问题情景

1 公司今年业务扩张，但人力成本占比从 18% 涨到了 25%，老板要求 3 个月内完成岗位定编优化，可各部门都喊"缺人"，财务部却说预算见底，这该怎么平衡？

2 通过"业务量 - 效率 - 能力"三维模型量化岗位需求。比如，客服部按"日均咨询量 × 单次处理时长 × 效率系数"计算编制，既避免人浮于事，也防止一人多岗。

3 但有些岗位（如研发、设计）的工作量难以量化，怎么定编？

4 这类岗位需结合"项目制 + 能力矩阵"。比如，算法工程师按"项目复杂度（S/A/B 级）× 人均产出效率（如每月完成 1 个 A 级项目）"定编，同时匹配技能等级的薪酬带宽。控制编制的同时激励能力提升。

5 如果业务模式变化快，定编规则需要频繁调整吗？

6 建议采用"70% 固定 +30% 弹性"机制。固定部分（如基础运营岗）按年度业务目标定编，弹性部分（如创新项目组）按"项目里程碑 + 资源池"动态调配。

AI 提问框架

通用提问公式 = 业务背景 + 核心矛盾 + 规则需求

业务背景

描述企业所处行业的特性、业务痛点及战略目标。

提问要素
- 行业特性：如零售业需应对季节性波动。
- 业务痛点：如人力成本超支 15%、跨部门协作效率低。
- 战略目标：如未来 3 年营收翻倍、企业从产品驱动转向服务驱动。

核心矛盾

提炼岗位定编中亟待解决的关键矛盾，需明确量化指标。

提问要素
- 矛盾类型：如编制不足导致业务停滞 vs 编制冗余导致成本浪费。
- 矛盾数据：如客服部编制缺口 20 人，但投诉量同比仅增 5%。
- 历史教训：如上一次定编因未考虑淡旺季差异，导致旺季临时招聘成本激增 30%。

规则需求

明确需要 AI 输出的定编规则类型及适配场景，将需求转化为 AI 可执行的任务。

提问要素
- 规则类型：如业务量驱动型、能力匹配型、项目制弹性型。
- 输出形式：如岗位编制计算公式、编制调整审批流程。
- 适配场景：如需兼容现有 OKR 体系、需与 ERP（企业资源规划）系统对接。

准备资料

要点	内容
业务数据	近 3 年岗位编制数据、人力成本明细、业务量等。
岗位信息	岗位职责说明书、岗位价值评估结果、员工技能清单等。
管理规则	现有定编规则、审批流程、预算分配逻辑等。
行业对标	同行业定编标准，如零售业客服岗人均服务量、制造业生产岗人均产值等。
战略输入	未来 1~3 年业务规划，如新开 50 家门店、推出 3 条产品线等。

实战案例

我公司为连锁餐饮品牌，目前拥有 200 家门店，计划未来 2 年新增 300 家门店，同时从直营模式转向"直营＋加盟"混合模式。当前核心矛盾是人力成本占比从 12% 涨至 18%，但门店服务效率未显著提升（如顾客投诉率同比上升 10%）。

1. 编制僵化：现有定编规则按"门店面积 × 固定系数"计算，未考虑区域差异（如一线城市与县城门店客流量相差 3 倍）。
2. 能力错配：高技能岗位（如厨师长）编制不足，但低技能岗位（如传菜员）冗余 20%。
3. 弹性缺失：旺季需临时招聘兼职人员，但缺乏标准流程，导致招聘成本增加 40%。

请你协助我

1. 输出分岗位定编公式，需包含以下维度。
 · 基础编制：按"门店面积 × 区域系数 × 客流量预测"计算。
 · 弹性编制：按"节假日峰值客流量 × 单店服务能力缺口"动态调整。
 · 技能编制：按"岗位技能等级（初级 / 中级 / 高级）× 人均产出效率"分配。
2. 提供以下定编规则配套工具。
 · 编制计算模板（Excel 公式）。
 · 编制调整审批流程（含跨部门协同节点）。
 · 编制与绩效联动机制（如编制使用率低于 80% 的门店，下季度预算扣减 10%）。

注意事项

要点	内容
动态校准	AI 输出的定编规则需与业务部门每月复盘，动态调整。
人性适配	AI 可能忽略隐性工作量（如员工培训、跨部门协作），需补充规则。
合规审查	确保定编规则不违反相关法律法规。
文化兼容	AI 方案可能过于理性，需结合企业文化调整弹性编制比例。

1.6　用 AI 构建胜任力模型

问题情景

① 公司今年业务转型，从传统销售转向数字化营销，但团队绩效两极分化严重——部分员工超额完成 KPI，部分人连基础目标都达不到。老板让我优化人才梯队，但能力高低全凭主观评价，怎么破局？

② 用能力画像替代模糊印象。比如，数字化营销岗可拆解为数据敏感度（比如能否通过用户行为数据定位需求）、跨部门协作能力（比如与技术团队联动效率）、创新思维（比如是否提出过爆款活动方案）等维度，量化评估员工能力差距。

③ 但有些能力（如"领导力"）很难直接量化，怎么办？

④ 将领导力拆解为目标拆解清晰度、团队赋能效果、危机处理能力等子项，再通过关键行为案例库对比（比如 A 主管能提前预判风险并制定备选方案，B 主管总在问题爆发后补救），实现可观测、可对比。

⑤ 如果业务方向频繁调整，胜任力模型需要推倒重来吗？

⑥ 建议采用"核心能力 + 场景化能力"双层模型。核心能力（比如客户洞察力、数据驱动思维）长期稳定；场景化能力（比如短视频内容策划、直播话术设计）按业务周期迭代。

AI 提问框架

通用提问公式 = 岗位背景 + 能力缺口 + 模型需求

岗位背景

描述目标岗位的岗位价值、职责痛点等，帮助 AI 理解岗位能力需求的底层逻辑，避免输出通用化模型。

提问要素
- **岗位价值：** 如研发岗直接影响产品迭代速度、销售岗直接贡献营收。
- **职责痛点：** 如需求频繁变更导致交付延期、客户投诉处理效率低。
- **战略关联：** 如岗位能力是否匹配未来 3 年业务转型方向。

能力缺口

提炼岗位当前能力与业务需求之间的差距，需结合数据与案例。

提问要素
- **缺口类型：** 如技术能力不足导致项目延期、沟通协作能力弱导致跨部门扯皮。
- **缺口数据：** 如 70% 延期项目因需求分析失误、60% 客户投诉源于服务话术不专业。
- **历史教训：** 如上次晋升评估因缺乏能力标准，导致高潜人才流失。

模型需求

明确需要 AI 输出的胜任力模型类型及应用场景，将需求转化为 AI 可执行的模型设计任务，而非抽象建议。

提问要素
- **模型类型：** 如冰山模型、"岗位 - 能力 - 行为"映射。
- **输出形式：** 如能力维度清单、行为等级描述、评估工具包。
- **应用场景：** 如用于招聘面试、用于培训需求诊断。

准备资料

要点	内容
岗位信息	岗位职责说明书、近 1 年绩效数据（高 / 中 / 低绩效员工案例）等。
业务数据	岗位关联的业务指标，如销售额、客户满意度、项目交付周期等。
行业对标	同行业岗位胜任力模型，如互联网运营岗需具备用户增长思维。
战略输入	未来 1~3 年业务规划，如明年新增海外市场，需强化跨文化沟通能力。

实战案例

岗位背景

我公司为跨境电商企业，当前需为"海外运营岗"构建胜任力模型。该岗位核心职责包括：选品（基于海外市场需求与竞品分析）；营销（制定本土化推广策略）；客服（处理多语言客户投诉）。当前痛点如下。

1. 招聘效率低：面试官对"跨文化沟通能力"评估主观，导致新人试用期淘汰率高达 40%。
2. 培训无效：现有培训课程（如基础英语、Excel 操作）与实际业务需求脱节，员工满意度仅 60%。
3. 晋升争议：晋升评估缺乏客观标准，主管常因感觉而非能力差异提拔员工。

能力缺口

1. 核心能力缺口如下。
 - 缺乏对海外客户的洞察力，如无法准确识别东南亚与欧美市场的消费偏好差异。
 - 欠缺跨文化危机处理能力，如因文化误解导致客户投诉升级。
2. 场景化能力缺口如下。
 - 新兴市场（如中东、拉美）的选品与营销能力不足。
 - 熟练使用 AI 工具生成本土化内容的比例低于 30%。

模型需求

请你协助我

1. 输出海外运营岗胜任力模型，需包含以下维度。
 - 核心能力：数据敏感度、跨文化沟通力、客户洞察力。
 - 场景化能力：新兴市场选品能力、AI 工具应用能力、本土化营销策略设计能力。
2. 行为等级描述：每项能力按基础级、熟练级、专家级划分行为标准。
3. 提供配套评估工具，包括面试题库、培训课程清单、晋升评估表等。

注意事项

要点	内容
动态迭代	AI 输出的模型需每季度结合业务变化更新。
多方验证	模型需通过高管、业务主管、高绩效员工三方确认，避免纸上谈兵。
文化适配	AI 可能忽略隐性文化规则，需结合本地员工经验补充。

用 AI 设计人才盘点方案

问题情景

① 最近公司业务扩张快，但总感觉人才配置跟不上，新老员工能力差距大，晋升标准模糊，核心人才还容易被挖角，该怎么办？

② 实施人才盘点！通过系统化评估员工能力、潜力、绩效和价值观，可以清晰识别高潜人才、冗余岗位和关键人才缺口，为晋升、培养、激励提供数据支撑。

③ 但人才盘点结果总被质疑主观性强，比如领导对某些员工印象好，直接给高分，这怎么解决？

④ 人才盘点需要建立多维度评估模型，比如"能力－绩效九宫格"，结合 360 度反馈、项目成果、领导力测评等客观数据，减少主观偏差。同时，需明确岗位胜任力模型，让评估有统一标准。

⑤ 我们公司业务变化快，盘点后制定的培养计划还没落地，岗位需求就变了，怎么办？

⑥ 人才盘点不是一次性动作，要动态管理。建议每半年更新一次，结合战略目标调整人才梯队优先级。比如，若公司计划拓展海外市场，可提前盘点外语能力强、跨文化适应力高的员工，纳入培养池。

AI 提问框架

通用提问公式 = 业务目标 + 现有痛点 + 数据需求 + 输出要求

企业的人才战略方向，明确人才需求类型等。

提问要素
- **战略方向**：如拓展东南亚市场、数字化转型。
- **人才需求类型**：如复合型管理者、技术专家。
- **时间周期**：如 2024 年 Q3 前完成。

当前人力资源管理中与人才相关的具体问题。

提问要素
- **评估盲区**：如晋升标准不透明、高潜人才流失率高。
- **数据缺失**：如缺乏岗位胜任力数据、绩效数据分散。
- **管理冲突**：如部门间人才调配困难、继任计划缺失。

AI 设计方案所需的基础数据或工具，为 AI 提供设计依据。

提问要素
- **现有数据**：如近两年绩效数据、360 度反馈报告。
- **工具需求**：如岗位胜任力词典、九宫格评估模板。
- **外部参考**：如行业人才标准、竞品人才结构。

（输出要求）

对 AI 输出内容的具体要求，需明确格式、内容和可操作性。

提问要素
- **方案结构**：如分阶段实施步骤、配套工具模板。
- **关键指标**：如人才识别准确率、培养计划覆盖率。
- **风险预案**：如评估争议处理流程、数据偏差修正方案。

准备资料

要点	内容
战略文件	企业年度战略规划、业务扩张计划、组织架构调整方案等。
人才数据	员工绩效数据、360 度反馈报告、岗位胜任力模型、晋升 / 离职记录等。
管理痛点	人才管理现状调研结果、部门负责人反馈、历史盘点问题总结等。
工具模板	现有评估表格、九宫格模板、继任计划案例等。
外部参考	行业人才标准、竞品人才结构分析、第三方调研报告等。

实战案例

 业务目标　我司计划 20××年进入东南亚市场，需在 Q3 前建立一支国际化管理团队。

 现有痛点
1. 评估主观性强：晋升主要依赖上级主观评价，缺乏客观数据支撑。
2. 高潜人才流失：近一年核心员工主动离职率达 18%，高于行业平均水平。
3. 培养计划滞后：现有培训内容与业务需求脱节，员工满意度仅 65%。
4. 继任计划缺失：关键岗位（如区域总监）无明确继任者，风险敞口大。

 数据需求
1. 现有数据：近两年绩效评估结果、360 度反馈报告、员工离职访谈记录。
2. 工具需求：岗位胜任力词典、九宫格评估模板。
3. 外部参考：东南亚市场人才标准、竞品国际化团队结构。

输出要求
请你协助我设计一套完整的人才盘点方案
1. 分阶段实施步骤（如 3 月前完成胜任力模型搭建、6 月前完成首轮评估）。
2. 配套工具模板（如评估表、九宫格图、培养计划表）。
3. 提供风险预案：评估争议处理流程（如异议反馈渠道、复核机制），数据偏差修正方案（如多数据源交叉验证）。

注意事项

要点	内容
分阶段实施步骤	如 3 月前完成胜任力模型搭建、6 月前完成首轮评估。
配套工具模板	如评估表、九宫格图、培养计划表。
提供风险预案	评估争议处理流程（如异议反馈渠道、复核机制），数据偏差修正方案（如多数据源交叉验证）。

1.8　用 AI 编写优化规章制度

问题情景

1 最近公司因员工行为不规范（比如考勤造假、报销漏洞）损失了近 50 万元，领导要求尽快出台新制度，但部门间利益冲突大，制度总被质疑"一刀切"，推进困难怎么办？

2 通过明确行为准则、流程规范和奖惩机制，既能降低管理风险，又能平衡组织与员工利益。比如，考勤制度可结合弹性工作制，既约束造假又保留灵活性。

3 但制度写得再细，员工总说"看不懂""不公平"，执行时还找漏洞，怎么解决？

4 制度配套案例说明。比如，报销制度中明确"单笔餐费超 200 元需附消费清单"，而非笼统写"合理报销"。同时，需通过培训、问答手册降低理解门槛。

5 我们公司业务变化快，制度刚发布就过时了，比如去年定的远程办公制度，今年因业务扩张已不适用，怎么办？

6 动态迭代管理制度。建议每半年组织一次制度评审会，结合业务变化、员工反馈和合规要求更新条款。比如，若公司计划拓展海外市场，可提前将"跨文化沟通规范"纳入制度修定计划。

AI 提问框架

通用提问公式 = 制度目标 + 管理痛点 + 内容需求

明确制度设计的核心方向，制度需与战略或管理需求直接挂钩。

提问要素
- **业务关联：** 如降低员工行为风险、提升跨部门协作效率。
- **管理目标：** 如 3 个月内将考勤违规率降低 50%、半年内实现报销纠纷清零。
- **预期效果：** 如员工投诉率下降 30%、制度理解度 ≥ 80%。

当前管理中因制度缺失或不完善导致的具体问题，避免 AI 输出泛泛而谈的制度框架。

提问要素
- **行为漏洞：** 如报销流程无审批节点、绩效申诉无标准。
- **执行难点：** 如制度条款与业务实际冲突、部门间利益分配不均。
- **员工反馈：** 如制度语言晦涩难懂、奖惩标准不透明。

制度需包含的具体模块、条款或工具，将需求转化为可执行的 AI 任务。

提问要素
- **模块结构：** 如总则、适用范围、行为规范、奖惩机制、附则。
- **条款细节：** 如明确违规行为分级标准、配套申诉流程图。
- **配套工具：** 如制度解读 PPT 模板、员工签字确认表。

准备资料

要点	内容
制度背景	公司战略规划、近期管理问题总结、领导对制度的核心要求等。
历史数据	现有制度文件、员工违规记录、历史纠纷案例、制度满意度调研结果等。
业务需求	跨部门协作流程、岗位说明书、行业合规标准、竞品制度参考等。
沟通工具	制度培训计划模板、员工签字确认表、制度修改记录表等。
法律支持	公司法务部提供的合规清单、外部律师建议等。

实战案例

制度目标 → 我公司计划 3 个月内将员工违规率降低 40%。

管理痛点 →
1. 报销漏洞：员工虚开发票、拆分报销，财务审核依赖人工，效率低且易出错。
2. 考勤造假：员工通过虚假定位打卡，现有制度仅罚款 200 元，威慑力不足。
3. 协作冲突：跨部门项目因责任不清、流程不透明，导致延期率达 35%。
4. 理解困难：现有制度语言晦涩，员工反馈"看不懂""不知道如何执行"。

内容需求 →
请你协助我设计管理制度
1. 模块结构包含总则（制度目的、适用范围）、行为规范（报销、考勤、协作流程）、奖惩机制（违规分级标准、处罚措施）、申诉流程（争议处理步骤、时限）、附则（生效日期、解释权归属）。
2. 条款细节中注意如下几点。
· 报销制度明确单笔消费超 500 元需附合同 / 协议、虚开发票罚款比例。
· 考勤制度增加"人脸识别 + 定位双重验证""造假 3 次以上解除劳动合同"。
· 协作制度细化项目责任矩阵表、跨部门沟通 SOP（标准作业程序）。
3. 配套工具包含制度解读 PPT（含案例、问答）、员工签字确认表（含制度条款摘要）、制度修改记录表（跟踪更新历史）。

注意事项

要点	内容
法律验证	AI 生成的制度条款需提交法务部审核，确保无合规风险。
员工参与测试	制度初稿需选取试点部门测试，根据反馈调整条款。
语言明确	避免使用"等""其他""视情况"等模糊表述，明确所有例外情形。
配套培训设计	制度发布后需配套培训，确保员工理解制度逻辑与执行要求。

第

2

章

AI+招聘管理

在招聘管理中，AI 不仅能够优化招聘流程，提升效率，还能通过精准分析，为 HR 量身制定招聘计划方案。从撰写引人人胜的招聘文案与岗位描述，到设计视觉冲击力强的招聘海报与宣讲 PPT；从评估选择最佳招聘渠道，到智能筛选简历，快速锁定潜在人才；从生成面试问题，到辅助人才选拔录用决策，AI 在招聘管理的每一个环节都发挥着重要作用，让招聘过程更加高效、精准，助力企业吸引并留住最合适的人才。

2.1　用 AI 设计优化招聘流程

问题情景

1 最近公司招聘效率特别低，简历筛选耗时长，面试环节又总遇到候选人能力与岗位不匹配的问题，导致用人部门抱怨不断。这种情况该怎么优化？

2 清晰的招聘流程能明确各环节的职责、标准和工具，比如通过岗位画像拆解能力需求，用结构化面试表统一评估标准，既能提升效率，又能降低用人风险。

3 但不同岗位的招聘需求差异很大，比如技术岗需要专业能力，销售岗更看重沟通力，流程设计能兼顾这些差异吗？

4 当然可以。流程设计需要分层分类，比如将岗位分为技术类、职能类、销售类，针对每类岗位定义核心能力项，再设计对应的筛选工具。

5 如果招聘周期紧张，流程设计是否会增加操作复杂度？

6 恰恰相反。标准化流程设计是为了化繁为简，减少人为决策的随意性，提升招聘质量。比如设计"初面－复面－终面"的分级评估机制，既能缩短周期，又能避免重复沟通。

AI 提问框架

通用提问公式 = 岗位需求拆解 + 流程痛点分析 + 优化需求定义

岗位需求拆解

明确岗位的核心能力、经验、文化匹配度要求，为 AI 提供筛选简历、设计面试题的依据，避免凭感觉招人。

提问要素
- 能力项：如技术岗的算法能力、管理岗的团队领导力。
- 经验要求：如行业年限、项目规模。
- 文化匹配度：如创新型团队需要开放思维，传统企业注重执行力。

流程痛点分析

梳理当前招聘流程中的效率低、质量差、体验差的环节，定位优化方向。

提问要素
- 效率问题：如简历筛选耗时、面试排期冲突。
- 质量问题：如用人部门对候选人满意度低。
- 体验问题：如候选人反馈流程烦琐、反馈慢。

优化需求定义

明确希望 AI 输出的结果，将需求转化为可执行的 AI 任务。

提问要素
- 输出结果：如流程图、评估表、话术模板。
- 应用场景：如校园招聘、社会招聘、紧急补岗。
- 落地支持：如是否需要配套培训、数据看板。

准备资料

要点	内容
岗位说明书	明确岗位的职责、能力、经验要求等。
历史招聘数据	如简历通过率、面试转化率、用人部门反馈等。
现有流程文档	当前招聘流程的步骤、工具、耗时等。
用人部门需求	业务团队对候选人的隐性要求（如抗压能力、学习能力等）。
候选人反馈	过往招聘中候选人抱怨的环节（如等待时间长、问题重复等）。

实战案例

我公司计划招聘一名"高级数据分析师"，核心能力要求包括以下 3 点。
1. 技术能力：SQL、Python（一种编程语言）、Tableau（一种商业智能工具）熟练，3 年以上数据分析经验。
2. 业务能力：能独立设计分析模型，推动业务决策。
3. 文化适配：具备跨部门协作能力，适应快节奏工作。

1. 简历筛选效率低：HR 需手动筛选 100+ 份简历，耗时 3 天。
2. 面试评估主观性强：用人部门面试官提问随意，候选人能力差异大。
3. 反馈周期长：候选人需等待 1 周才能收到结果，导致优质候选人流失。

请你协助我
1. 设计招聘流程图：包含简历筛选、笔试、初面、终面环节。
2. 输出工具模板：
· 简历筛选关键词表（如"SQL 高级""用户增长分析"）；
· 结构化面试评估表（包含技术题、案例题、行为题）；
· 候选人反馈模板（含录用 / 淘汰原因）。
3. 提供操作建议：如何向用人部门培训结构化面试技巧。

注意事项

要点	内容
流程灵活性	AI 生成的流程需结合企业实际调整。
用人部门参与	流程设计需与业务团队确认能力标准。
持续迭代	每季度复盘流程效果，根据招聘数据优化评估标准。

2.2 用 AI 制定招聘计划方案

问题情景

1 最近公司业务扩张快，但招聘计划总是赶不上变化。用人部门临时提需求，HR 部门疲于奔命，结果岗位空缺期拉长，业务进度也受影响，这种情况该怎么解决？

2 问题出在招聘计划缺乏前瞻性。好的招聘计划需要结合业务目标、岗位优先级、资源分配设计，既能预判需求，又能动态调整，避免"被动救火"。

3 但业务部门经常说"需求紧急"，HR 怎么判断哪些岗位该优先招？比如技术岗和销售岗同时缺人，该先补哪个？

4 这就需要评估岗位价值。比如根据岗位对业务目标的贡献度（比如技术岗支撑产品迭代，销售岗直接影响收入）、紧急程度（比如项目上线倒计时）、市场稀缺性（比如算法工程师竞争激烈）综合打分。

5 如果招聘预算有限，比如只能招 5 人，但需求有 10 人，计划该怎么做？

6 计划需分层设计。比如，用"核心岗位＋替代方案"策略：优先保障 3 个高价值岗位，其余 7 个需求通过内部转岗、外包或流程优化解决，同时明确各方案的优缺点和风险，供管理层决策。

AI 提问框架

通用提问公式 = 业务目标对齐 + 资源约束分析 + 计划需求定义

明确企业战略目标对招聘计划的具体需求。让 AI 理解招聘计划是"为什么"，避免与业务脱节。

提问要素
- **战略方向**：如未来 6 个月开拓华东市场，需组建本地化团队。
- **岗位优先级**：如优先保障研发中心算法岗，支持 AI 产品上线。
- **时间节点**：如 Q3 前完成 20 名销售岗招聘，支撑 Q4 业绩冲刺。

梳理招聘计划中的限制条件，如预算、时间、市场等。让 AI 在资源约束下设计可行方案，避免"理想化"输出。

提问要素
- **预算限制**：如总招聘预算 50 万元，含猎头费、渠道费。
- **时间窗口**：如需在 45 天内完成 30 个岗位招聘。
- **市场条件**：如算法工程师供需比 1∶50，竞争激烈。

明确希望 AI 输出的成果，将需求转化为可执行的 AI 任务。

提问要素
- **输出形式**：如 Excel 表格、甘特图、PPT 方案。
- **关键指标**：如各岗位招聘周期、到岗率、成本。
- **动态调整规则**：如若市场薪资涨幅超 10%，需重新评估预算。

准备资料

要点	内容
业务战略文档	未来 6~12 个月业务目标、重点项目、区域扩张计划等。
岗位需求清单	用人部门提交的岗位需求（含岗位职责、优先级、紧急程度等）。
历史招聘数据	过往岗位招聘周期、成本、到岗率、候选人流失原因等。
市场供需报告	目标岗位的薪资水平、人才储备、竞争对手招聘策略等。
内部资源清单	现有招聘渠道（如猎头、招聘网站）、HR 团队能力、预算分配等。

实战案例

我公司计划在 20×× 年 Q3 进入华东市场，需在 Q2 完成本地化团队组建，核心目标包括以下 3 点。
1. 业务目标：3 个月内覆盖上海、杭州、苏州 3 城，建立 20 人销售团队，支撑 Q4 营收增长 30%。
2. 技术支撑：同步招聘 5 名算法工程师，保障 AI 产品本地化适配。
3. 管理储备：提前储备 2 名区域经理，支撑 2025 年扩张。

1. 预算限制：总招聘预算 80 万元，其中猎头费占比 ≤ 30%。
2. 时间窗口：销售岗需在 60 天内到岗，算法岗需在 90 天内到岗。
3. 市场条件：算法工程师供需比 1:40，平均招聘周期 120 天，市场薪资溢价 15%。

请你协助我输出招聘计划表
1. 含岗位、数量、优先级、渠道分配（如销售岗侧重 BOSS 直聘 + 内推，算法岗侧重猎头 + 高校合作）。
2. 标注高风险岗位（如算法岗）及应对预案（如提前储备实习生、启动外包合作）。
3. 提供资源分配方案：包括猎头费、渠道费、内部推荐奖金的预算分配。
4. 设计动态调整规则：若算法岗招聘周期超 90 天，启动"技术总监带队内训 + 外包过渡"方案。

注意事项

要点	内容
业务确认	AI 生成的计划需与用人部门、财务部门确认，避免闭门造车。
风险预案	对高风险岗位（如稀缺技术岗）需设计备用方案。
成本监控	定期对比实际招聘成本与预算，及时调整渠道策略。
灵活迭代	根据市场变化（如竞争对手加薪抢人）动态调整计划。

2.3 用 AI 编写招聘文案和岗位描述

问题情景

1 最近招聘效率特别低，投简历的人很多，但匹配度特别差。比如技术岗收到的简历里，很多候选人连项目经验都没有，光靠HR手动筛选太耗时间了。

2 问题可能出在招聘文案和岗位描述上。如果 JD（岗位描述）写得模糊，吸引来的候选人自然鱼龙混杂。好的 JD 应该像精准过滤器，直接筛选出目标人群。

3 但业务部门总说"JD 要写全，别漏了需求"，结果 JD 动辄几千字，候选人根本没耐心看，招聘效果也不好呀。

4 JD 需要聚焦核心需求。比如技术岗重点写技术栈（比如"熟练使用 Python"）、项目经验（比如"主导过千万级用户平台开发"），弱化通用技能（比如"熟练使用 Office 办公软件"）。

5 如果岗位名称很普通（比如"运营专员"），怎么写才能脱颖而出？

6 可以用"岗位名称 + 核心价值"组合，再在 JD 里用数据量化价值。候选人一看就知道成长空间。

AI 提问框架

通用提问公式 = 岗位核心需求 + 目标人群画像 + 文案输出要求

明确岗位的职责、技能、能力和成果要求，确保 JD 能精准匹配业务需求。让 AI 聚焦岗位核心价值，避免 JD 写成流水账。

提问要素
- **职责范围**：如负责 AI 产品从 0 到 1 的架构设计。
- **硬性技能**：如精通 Python、熟悉分布式系统。
- **软性能力**：如具备跨团队协作经验，能推动技术方案落地。
- **成果导向**：如主导项目需实现用户留存率提升 30%。

描述理想候选人的背景、动机和偏好，确保 JD 能吸引目标人群，让 JD 更有针对性。

提问要素
- **背景特征**：如 3~5 年 AI 算法经验，有推荐系统开发经验者优先。
- **动机触发点**：如渴望参与亿级用户规模项目。
- **文化适配**：如适应快节奏创业环境，能接受高强度迭代。

文案输出要求

明确 JD 的输出风格和结构，将 JD 从文字堆砌转化为精准营销文案。

提问要素
- **结构要求**：如分成岗位价值、核心职责、任职要求三部分。
- **风格要求**：如简洁有力，避免冗长，用数据量化成果。
- **关键词**：如必须包含"推荐系统""分布式计算"等关键词。

准备资料

要点	内容
岗位需求清单	用人部门提供的岗位说明书，含职责、技能、经验要求等。
业务目标文档	岗位需支撑的业务目标，如提升推荐系统准确率。
竞品 JD 分析	同类岗位在招聘平台的 JD，用于差异化设计。
企业文化素材	企业价值观、团队风格描述（如扁平化管理、技术驱动等）。
候选人画像	历史招聘数据，如高匹配度候选人的背景特征。

实战案例

我公司计划招聘一名 AI 算法工程师（推荐系统方向）。
1. 职责范围：负责推荐系统算法优化，包括召回、排序、冷启动策略。
2. 硬性技能：精通 Python、TensorFlow（一种编程系统），熟悉分布式计算。
3. 软性能力：具备跨团队协作经验，能推动技术方案落地。
4. 成果导向：主导项目需实现用户点击率提升 20%。

1. 背景特征：3~5 年推荐系统开发经验，有电商 / 内容平台项目经验者优先。
2. 动机触发点：渴望参与亿级用户规模项目，关注技术成长空间。
3. 文化适配：适应快节奏创业环境，能接受高强度迭代。

请你协助我
1. 输出岗位 JD，结构如下。
· 第一部分：岗位价值（如加入亿级用户推荐系统团队）。
· 第二部分：核心职责（如分点列出算法优化、跨团队协作）。
· 第三部分：任职要求（如硬性技能 + 软性能力）。
2. 风格要求：简洁有力，避免冗长，用数据量化成果（如"主导项目用户点击率提升 20%"），包含关键词"推荐系统""分布式计算""亿级用户"。
3. 附加要求：提供 3 个 JD 版本，分别侧重技术深度、业务影响、团队文化。

注意事项

要点	内容
业务确认	AI 生成的 JD 需与用人部门确认，避免技术术语与业务需求脱节。
法律合规	JD 中避免歧视性条款（如年龄、性别限制），且须符合相关法律法规规定。
文化适配	JD 风格需与企业品牌一致，如创新型企业可活泼，传统企业需严谨。
A/B 测试	对不同版本的 JD 进行小范围投放，根据候选人反馈优化文案。

2.4 用 AI 设计招聘海报和宣讲 PPT

问题情景

1 最近校招宣讲会的效果特别差，招聘海报不吸引人，学生看到宣讲 PPT 就走神，问的问题也很浅，根本没抓住我们公司的亮点。

2 问题可能出在招聘物料的视觉表达上。招聘海报和宣讲 PPT 是企业的名片，如果设计得像说明书，候选人自然没兴趣。好的设计应该像电影预告片，用视觉冲击力抓住眼球，再用内容深度引发共鸣。

3 但业务部门总说"要把重点全写上"，结果宣讲 PPT 里塞满了文字，海报上全是条款，根本没人看。

4 内容需要"分层表达"。比如宣讲 PPT，先用数据成果吸引人，再用图标展示公司技术水平，最后再放招聘需求。海报也是同理，主视觉突出技术突破（比如亿级用户平台核心开发者招募），底部用二维码链接详细描述。

5 如果公司没有设计团队，HR 要自己做宣讲 PPT，怎么样才能做出高级感?

6 可以遵循三色原则，主色（企业色）+ 辅助色（如科技蓝）+ 点缀色（如亮橙）。PPT 每页至少有一张图，可以是数据图、场景图、团队照。标题不超过 12 个字，正文不超过 3 行。

AI 提问框架

通用提问公式 = 设计目标 + 内容素材 + 输出要求

设计目标

明确设计的用途、受众和风格，让 AI 聚焦设计方向，确保输出符合需求。

提问要素

· 用途：如校招海报、社招宣讲 PPT。
· 受众：如 985/211 计算机专业学生、3~5 年经验工程师。
· 风格关键词：如科技感、活力、简约。

内容素材

提供设计所需的核心信息，确保设计内容准确传达企业价值。

提问要素

· 核心文案：如用 AI 定义未来、团队技术成果数据。
· 品牌元素：如企业 Logo（标识）、标准色、字体。
· 视觉素材：如团队合影、产品截图、技术架构图。

输出要求

明确设计的格式、风格结构等细节，确保输出可直接使用。将需求转化为 AI 可执行的指令，避免反复修改。

提问要素

· 格式：如 PPT 需分 5 页、海报尺寸为 1080×1920。
· 风格：如主色为蓝色、点缀色为橙色；字体使用思源黑体。
· 结构：如 PPT 第一页：企业技术愿景；第二页：岗位核心价值。

准备资料

要点	内容
企业品牌素材	企业 Logo、标准色、字体、品牌 slogan（标语口号）等。
核心文案	企业技术愿景、岗位核心价值、技术成果数据等。
视觉素材	团队合影、产品截图、技术架构图、办公环境照片等。
受众画像	目标候选人的年龄、专业、兴趣点等。
竞品参考	竞品招聘海报和 PPT 的优点和缺点分析。

实战案例

设计目标

我需要设计一份"AI 算法工程师（推荐系统方向）"的校招海报 / 宣讲 PPT，需求如下。
1. 用途：用于 985/211 高校计算机专业校招宣讲会。
2. 受众：大三 / 研二学生，关注技术成长空间和团队氛围。
3. 风格关键词：科技感、活力、简约。

内容素材

1. 核心文案：企业技术愿景为"用 AI 定义未来，让推荐更懂你"；岗位核心价值为"加入亿级用户推荐系统团队，主导算法优化"；技术成果数据为"推荐系统准确率提升 40%，用户点击率提升 25%"。
2. 品牌元素：Logo（附文件）；主色为科技蓝（#1A73E8），点缀色为亮橙（#FF6B35）。
3. 视觉素材：团队合影、技术架构图、办公环境照片（均附文件）。

请你协助我（招聘海报和宣讲 PPT 要分别提需求）
1. 设计招聘海报要求如下。
· 格式尺寸为 1080×1920，竖版。
· 内容包含：主视觉"用 AI 定义未来，让推荐更懂你"（大字），底部配团队合影；技术成果数据；底部配企业 Logo 和 slogan，留出放岗位描述的二维码链接位置。
2. 设计宣讲 PPT 要求如下。
· 格式：共 10 页，PPTX 格式。
· 每页至少一张图，标题不超过 12 个字，正文不超过 3 行。
· 内容包含：企业技术愿景、团队合影、岗位核心价值、技术成果数据、团队氛围（办公环境照片 + 员工活动照片）、技术需求。

输出要求

注意事项

要点	内容
法律合规	海报和 PPT 中使用的图片、字体需确保有版权，避免侵权风险。
品牌一致	设计需与企业品牌手册一致，如 Logo 尺寸、颜色代码、字体使用。
内容准确	技术成果数据需与业务部门确认，避免夸大或错误。
多版本测试	对不同风格的海报和 PPT 进行小范围测试，根据候选人反馈优化。

2.5 用 AI 做招聘渠道评估选择

问题情景

1 最近公司招聘压力特别大。不同渠道的简历数量差异明显，但实际入职率却参差不齐。我们投入了大量预算在招聘网站上，但效果总是不如预期，该怎么优化？

2 招聘渠道评估的核心是找到性价比最高的渠道组合。比如，有些平台简历多但匹配度低，有些平台成本高但转化率高。如果不做系统性评估，很容易陷入盲目烧钱的陷阱。

3 我们确实发现，某些高端职位在 LinkedIn（领英）上的转化率很高，但初级岗位用猎头又太贵。这种情况下该怎么平衡？

4 你需要量化每个渠道的投入产出比（比如单岗位成本、面试转化率、入职留存率），再结合岗位需求分层匹配渠道（比如，技术岗侧重专业社区，销售岗侧重本地招聘会）。

5 那如果新渠道（比如短视频平台）突然火起来，我们要不要跟风尝试？

6 盲目跟风可能浪费资源。建议先小范围测试，比如用 A/B 测试对比新老渠道的简历质量、面试通过率等指标，再决定是否扩大投入。

AI 提问框架

通用提问公式 = 目标定位 + 渠道现状 + 评估需求

明确招聘需求的核心特征，帮助 AI 理解招聘需求的基础属性，避免泛泛而谈。

目标定位 →

提问要素
- 岗位层级：如初级、中层、高管。
- 行业属性：如互联网、制造业、服务业。
- 地域范围：如全国、一线城市、海外。
- 时间窗口：如 3 个月内到岗、长期储备。

描述当前已使用的招聘渠道及其效果数据，为 AI 提供评估基准，便于对比不同渠道的优劣。

渠道现状 →

提问要素
- 渠道类型：如招聘网站、猎头、内推、社交媒体。
- 成本明细：如单岗位招聘成本、渠道年费。
- 效果指标：如转化率、留存率、候选人满意度。
- 痛点问题：如简历质量低、沟通效率差。

明确 AI 需要完成的具体任务，将需求转化为 AI 可执行的指令，避免模糊表述。

评估需求 →

提问要素
- 分析维度：如成本效益、匹配度、覆盖范围。
- 决策支持：如推荐 3 个高潜力渠道、提供渠道组合方案。
- 验证要求：如需结合行业案例、数据对比。

准备资料

要点	内容
岗位需求清单	岗位名称、职责、任职要求、紧急程度、历史招聘数据等。
渠道使用记录	各渠道的简历量、面试量、入职量、费用明细等。
行业数据参考	同类岗位的常用渠道清单、行业平均招聘成本、渠道转化率等。
管理目标	预算上限、优先目标等。

实战案例

我公司为某连锁餐饮品牌，计划未来 3 个月内招聘 20 名门店店长（二线城市），要求 3 年以上餐饮管理经验，预算单岗位不超过 8000 元。

1. 当前使用渠道
- 招聘网站 A：简历量高但匹配度低（仅 15% 符合要求），单岗位成本约 5000 元。
- 猎头服务：匹配度高（80% 符合要求），但单岗位成本高达 15000 元。
- 内推：入职留存率高（90%），但简历量不足（每月仅 3 份）。
2. 痛点问题
- 招聘网站 A 的简历筛选耗时（人均需 3 小时）。
- 猎头成本超出预算，但内推量不足。

请你协助我
1. 对比现有渠道的 ROI（投资回报率），推荐优化方案。
2. 结合餐饮行业特点，推荐 2 个高潜力新渠道（如本地生活平台、行业论坛）。
3. 提供渠道组合建议（如内推占比提升至 30%，招聘网站 B 替代 A），并预测效果。

注意事项

要点	内容
数据准确性	提供的渠道数据需真实可靠，避免因数据偏差导致 AI 误判。
多维度验证	AI 推荐的渠道需结合行业口碑、企业试用效果综合评估。
动态调整	招聘市场变化快，建议每季度重新评估渠道效果。
候选人体验	渠道选择需兼顾候选人体验，避免因追求低成本而影响雇主品牌。

2.6 用 AI 辅助优化简历筛选

问题情景

1 最近公司招聘需求激增，但简历筛选效率特别低。HR 每天要花 4 小时看简历，结果初筛通过率还不到 10%，很多优质候选人被漏掉了，怎么办？

2 简历筛选是招聘的第一道关卡，效率低不仅浪费 HR 时间，还可能错失关键人才。比如，有些岗位需要快速补充，但简历堆积导致用人部门催得急，反而影响招聘质量。

3 确实如此！我们曾因简历漏筛，导致一个技术总监岗位空缺了两个月，最后只能降低标准录用。这种情况下，简历筛选到底该怎么优化？

4 核心是"精准匹配"。你需要先明确岗位的核心需求（比如技能、经验、文化适配性），再通过结构化筛选标准（比如关键词、量化指标）快速定位候选人。盲目看简历只会陷入大海捞针的困境。

5 但有些岗位需求很模糊，比如创新能力、领导力，这些软性能力怎么通过简历筛选出来？

6 你需要将软性能力拆解为可量化的信号，比如"创新"可对应"主导过跨部门项目""获得专利或奖项"，"领导力"可对应"管理过 5 人以上团队"。AI 能帮你快速抓取这些信号，但前提是筛选标准要清晰。

AI 提问框架

通用提问公式 = 岗位需求 + 筛选痛点 + 优化需求

明确目标岗位的核心要求，帮助 AI 理解岗位的核心筛选逻辑。

提问要素
- **硬性条件**：如学历、专业、证书、工作年限。
- **软性能力**：如沟通能力、抗压能力、创新能力。
- **文化适配性**：如价值观、团队协作风格。
- **优先级排序**：如技术能力 > 沟通能力 > 稳定性。

描述当前简历筛选中的具体问题，聚焦 AI 优化的方向，避免模糊表述。

提问要素
- **效率问题**：如单份简历平均处理时间 >5 分钟。
- **质量问题**：如初筛通过率 <15%、用人部门复筛驳回率 >30%。
- **主观问题**：如不同 HR 筛选标准不一致。

明确 AI 需要完成的具体任务，将需求转化为 AI 可执行的指令。

提问要素
- **规则生成**：如根据岗位需求生成筛选关键词库。
- **优先级排序**：如按匹配度从高到低排序简历。
- **验证需求**：如提供规则的适用性说明、推荐 3 份高匹配简历作为示例。

准备资料

要点	内容
岗位说明书	岗位名称、职责、任职要求（硬性能力 + 软性能力）、技能优先级等。
历史简历数据	过去 3 个月内投递的简历样本、用人部门反馈的优质简历案例等。
筛选标准	当前使用的筛选规则、用人部门对候选人的核心关注点等。
管理目标	效率目标、质量目标等。

实战案例

我公司为某跨境电商公司，计划招聘一名"海外运营经理"，要求如下。

1. 硬性条件：本科及以上学历，英语 CET-6 以上，3 年以上跨境电商运营经验。
2. 软性能力：数据分析能力（需提供案例）、跨文化沟通能力。
3. 文化适配性：适应快节奏工作，抗压能力强。
4. 优先级：数据分析能力 > 英语水平 > 行业经验。

1. 简历量激增（日均投递 50 份），但 HR 初筛通过率仅 12%。
2. 用人部门反馈"漏筛"多名具备数据分析能力的候选人。
3. 不同 HR 对"跨文化沟通能力"的判断标准不一致。
4. 现有筛选规则仅依赖"英语六级""跨境电商经验"等关键词，忽略"数据分析案例"等软性能力。

请你协助我
1. 根据岗位需求，生成结构化筛选规则（如关键词库、优先级排序）。
2. 提供 3 条优化建议（如增加"数据分析案例"的强制填写项、调整关键词权重）。
3. 推荐 5 份高匹配简历（需标注匹配点，如"候选人 A 具备 3 年亚马逊运营经验，且在简历中详细描述了 A/B 测试案例"）。

注意事项

要点	内容
规则验证	AI 生成的筛选规则需结合用人部门反馈验证。
动态调整	岗位需求可能随业务变化，需定期更新筛选规则。
人性化补充	AI 筛选结果需结合 HR 主观判断，避免一刀切淘汰。
合规性审查	确保筛选规则不涉及歧视条件，避免法律风险。
数据隐私	简历中的敏感信息须脱敏处理后再提交 AI 分析。

2.7　用 AI 生成面试问题

问题情景

① 我们最近招聘销售主管，但面试时总觉得问题问不到点子上。要么候选人回答千篇一律，要么我们抓不住他们的真实能力，最后录用的人总与预期有差距，怎么办？

② 如果面试问题缺乏针对性，候选人可能用准备好的话术应付，而面试官只能看到表面。比如，你问"抗压能力如何"，候选人可能回答"我习惯加班"，但实际抗压能力需要更场景化的问题验证。

③ 确实！我们曾问候选人"如何处理客户投诉"，结果他背了一套标准流程，但入职后发现根本不会灵活应变。这种情况下，面试问题该怎么设计才能挖到真实能力？

④ 核心是"行为化提问"。比如，将"如何处理投诉"改为"请举例说明你处理过的最棘手的客户投诉，当时客户的情绪如何？你的具体行动是什么？最终结果如何？"通过追问细节，避免候选人纸上谈兵。

⑤ 但有些岗位需求很复杂，比如既要创新思维又要执行力，这些问题该怎么结合？

⑥ 分层设计。比如，用"假设性问题"测创新（比如"如果现有流程导致效率低下，你会如何改进？"），用"案例还原题"测执行（比如"请描述你主导过的一个项目，如何拆解目标、分配任务并确保落地？"）。

AI 提问框架

通用提问公式 = 岗位画像 + 能力需求 + 问题需求

岗位画像 → 描述目标岗位的核心职责、层级和业务场景，帮助 AI 理解岗位的"实战环境"。

提问要素
- **岗位名称、层级**：如销售主管、技术经理。
- **核心职责**：如带领团队完成季度业绩目标、优化系统架构。
- **业务场景**：如需对接跨部门资源、需快速响应客户需求。

能力需求 → 明确岗位所需的核心能力，指导 AI 聚焦关键能力，避免问题过于宽泛。

提问要素
- **硬技能**：如具备 5 年以上数据分析经验。
- **软技能**：如跨部门协作能力、抗压能力。
- **文化适配性**：如价值观与公司一致、适应高强度工作节奏。
- **优先级排序**：如数据分析能力 > 沟通能力 > 抗压能力。

问题需求 → 明确 AI 需要生成的问题类型、数量和场景，将需求转化为 AI 可执行的指令。

提问要素
- **问题类型**：如行为化问题、假设性问题、案例还原题。
- **问题数量**：如生成 10 个问题，覆盖 5 项核心能力。
- **场景适配**：如区分初试和复试问题、区分不同层级候选人。
- **示例需求**：如提供 3 个问题的追问逻辑示例。

准备资料

要点	内容
岗位说明书	岗位名称、职责、汇报关系、核心考核指标、岗位能力模型等。
能力拆解表	将核心能力拆解为可评估的子项、每个子项对应的能力等级描述。
过往面试记录	成功录用候选人的面试问题及回答要点、淘汰候选人的问题陷阱。
业务场景素材	岗位常见的挑战场景、公司文化关键词等。

实战案例

我公司为某互联网教育公司，计划招聘一名"课程运营经理"。
1. 岗位层级：中层管理岗，汇报对象为运营总监。
2. 核心职责：统筹多品类课程运营，优化用户转化路径，提升课程复购率。
3. 业务场景：需对接产品、教学、市场等多部门，快速响应市场需求，推动课程迭代。

1. 硬技能：数据驱动能力（需精通用户行为数据分析）；课程设计能力（需了解课程开发全流程）。
2. 软技能：跨部门协作能力（需协调资源推动项目落地）；抗压能力（需应对高强度业绩考核）。
3. 文化适配性：价值观与公司一致（如"用户第一""结果导向"）。
4. 优先级：数据驱动能力 > 跨部门协作能力 > 课程设计能力。

请你协助我
生成 15 个面试问题，覆盖 4 项核心能力，按优先级分配数量，问题类型需包括如下几点。
· 行为化问题，如"举例说明你如何通过数据分析优化业务指标"
· 假设性问题，如"如果课程复购率低迷，你会从哪些维度分析原因？"
· 案例还原题，如"请描述你主导过的一个跨部门项目，过程中你如何协调资源并确保目标达成？"
提供 3 个问题的追问逻辑示例，如"若候选人回答'通过优化课程封面提升转化率'时，追问'具体优化了哪些元素？'"

注意事项

要点	内容
问题验证	AI 生成的问题需结合岗位实际场景验证，避免因问题过于理论化。
动态调整	根据业务变化或面试反馈，及时更新问题库。
人性化追问	AI 生成的问题需根据候选人的回答视情况追问。
文化适配性	部分 AI 生成的问题可能太通用，需结合公司文化补充特色问题。

2.8 用 AI 辅助人才选拔录用决策

问题情景

① 最近我们公司招聘效率特别低，面试官反馈简历筛选耗时久，但录用的候选人入职后表现参差不齐，甚至出现岗位与能力错配的情况。您觉得问题出在哪？

② 人才选拔决策总是存在精准度与效率的矛盾。传统招聘依赖主观经验，容易忽视岗位隐性需求，导致"人岗不匹配"。而决策延迟又会错失优质候选人，增加招聘成本。

③ 那"人才选拔录用决策"对 HR 的价值究竟是什么？难道只是填满岗位吗？

④ 远不止于此。科学决策能解决三大问题：减少试用期离职损失，降低用人风险；精准匹配人才与战略需求，提升组织效能；优化雇主品牌，吸引更多优质人才。

⑤ 但不同岗位的评估标准差异很大，比如技术岗重硬技能，管理岗重软素质，如何统一决策逻辑？

⑥ 这正是 AI 的用武之地——通过标准化评估框架（比如能力素质模型 + 岗位胜任力指标），将不同岗位的"隐性需求"转化为可量化的评估维度，既能保证公平性，又能提升决策效率。

AI 提问框架

通用提问公式 = 岗位背景 + 选拔痛点 + 决策需求

岗位背景

描述目标岗位的核心细节，帮助 AI 理解岗位的隐性需求，避免仅关注表面技能，为 AI 提供决策依据。

提问要素

- 岗位名称与职责：如高级产品经理，负责用户增长策略。
- 胜任力模型：如数据分析能力、跨部门协作、战略思维。
- 岗位层级：如主管级、经理级。
- 目标团队文化：如扁平化管理，强调创新。

选拔痛点

明确当前选拔流程中的具体问题，需聚焦可量化的矛盾点，定位问题根源，避免 AI 提供泛泛而谈的解决方案。

提问要素

- 流程瓶颈：如简历初筛耗时 3 天，但有效简历仅占 10%。
- 评估偏差：如面试官对"领导力"评分标准不一致。
- 决策风险：如新员工试用期离职率高达 40%。

决策需求

明确 AI 需提供的具体决策支持，需指向可落地的工具或方法，将问题转化为 AI 可执行的任务。

提问要素

- 评估工具：如设计一套行为面试题库，覆盖"抗压能力"场景。
- 决策模型：如基于胜任力模型生成岗位匹配度评分卡。
- 优化建议：如针对技术岗，增加编程实操测试环节。

准备资料

要点	内容
岗位信息	岗位说明书、历史招聘数据等。
能力模型	岗位胜任力词典、关键行为指标等。
团队文化	现有团队成员的能力分布、典型协作案例等。
历史教训	过往招聘失误案例，如某候选人因价值观不符离职。

实战案例

我公司计划招聘一名"高级数据分析师"，负责用户行为数据建模与策略优化。岗位核心能力包括以下三点。
1. 硬技能：Python 熟练度、统计学基础、Tableau 可视化能力。
2. 软素质：逻辑思维、跨部门协作、抗压能力。
3. 团队文化：扁平化管理，强调快速试错与数据驱动决策。

1. 简历筛选低效：人工筛选简历耗时 2 小时 / 份，但有效简历占比仅 15%。
2. 面试评估主观：面试官对"逻辑能力"的评分标准不一致，导致候选人评分差异大。
3. 决策风险高：近半年入职的 3 名数据分析师中，2 人因"无法适应高强度工作"离职。

请你协助我
1. 设计评估工具：基于岗位能力模型，生成一套结构化面试题库（含硬技能实操题与软素质情景题）。
2. 优化决策模型：提供一份岗位匹配度评分卡，明确各能力维度的权重（如硬技能占 60%、软素质占 40%）。
3. 降低用人风险：针对"抗压能力"设计压力测试方案（如模拟紧急项目汇报场景）。

注意事项

要点	内容
避免算法偏见	AI 的推荐结果需结合人工复核进行二次评估。
动态调整模型	根据岗位需求变化，定期更新能力模型与评估题库。
重视隐性能力	AI 可能无法完全捕捉"价值观契合度"，需通过访谈人工评价。
法律合规性	确保评估流程符合相关法律法规规定，避免因 AI 决策引发争议。

第

3

章

AI+培训管理

培训管理是企业人才发展的基石，AI 的融入为这一领域注入了新的活力。从设计系统化的人才培养体系，到设计新员工培训内容；从深入分析培训需求，到开发高质量的培训课程；从制定科学的培训计划，到全面评估培训效果；从设计清晰的职业发展通道，到辅助人才梯队建设，AI 贯穿培训管理的全过程，以智能化手段提升培训效率与质量，确保每位员工都能获得最适合自己的成长路径，为企业持续输送高素质人才。

3.1 用 AI 设计人才培养体系

问题情景

1 我们公司最近业务转型，但员工能力跟不上新战略需求。比如，销售团队熟悉传统线下销售环境，对数字化营销工具一窍不通，培训了几次效果也不理想，怎么办？

2 这是典型的能力断层问题。人才培养体系的核心价值在于其具有前瞻性与系统性，它不仅能解决当下能力缺口，还能通过分层设计（比如新员工、高潜人才、管理者）确保组织能力与战略同频。

3 但人才培养体系设计太复杂了，不同岗位、不同层级的员工需求差异很大，怎么平衡标准化和个性化？

4 可以分层分类。比如，销售团队可设计"基础技能（比如客户关系管理）+ 进阶能力（比如数据分析）+ 高阶战略（比如行业趋势洞察）"三级培养路径，既保证基础能力统一，又为高潜人才提供晋升通道。

5 如果培养投入了资源，但员工学完就离职，岂不是浪费？

6 所以培养体系必须与人才保留结合。比如，在培养计划中嵌入轮岗实践、项目带教等环节，让员工看到成长路径与职业回报；同时，可以通过 AI 提前识别高流失风险人群，有针对性地设计激励措施。

AI 提问框架

通用提问公式 = 培养背景 + 能力缺口 + 设计需求

培养背景

具体描述培养背景，帮助 AI 理解培养体系需解决的战略矛盾，避免 AI 脱离业务需求。

提问要素
- 战略目标：如 3 年内实现数字化转型，线上业务占比提升至 50%。
- 员工现状：如现有销售团队 80% 熟悉传统线下销售环境，数字化工具使用率低于 20%。
- 团队文化：如强调实战、鼓励试错。

能力缺口

明确当前员工能力与战略需求的差距，聚焦可量化的矛盾点。

提问要素
- 技能缺口：如缺乏数据分析能力，无法通过用户行为优化销售策略。
- 认知缺口：如对行业趋势理解滞后，错失短视频营销机会。
- 行为缺口：如习惯单打独斗，缺乏跨部门协作意识。

设计需求

明确 AI 需提供的具体设计成果，将问题转化为 AI 可执行、可落地的培养设计方案。

提问要素
- 培养框架：如设计一套分层培养计划，覆盖新员工、主管等。
- 工具推荐：如推荐 3 种适合销售团队的数字化工具实操课程。
- 评估机制：如设计一套能力评估模型。

准备资料

要点	内容
战略资料	公司未来 3 年战略规划、业务转型方向、核心能力需求等。
员工数据	现有员工能力评估报告（如技能矩阵、绩效数据）、培训历史纪录等。
资源限制	培训预算、可调动的内部导师资源、外部合作机构清单等。
行业案例	标杆企业人才培养体系案例。

实战案例

培养背景

我公司计划未来 2 年从传统制造转型为智能制造，需提升全员数字化能力。当前现状如下。
1. 战略目标：20 × × 年实现生产线自动化率 60%，线上订单占比 40%。
2. 员工现状：一线员工 90% 无编程基础，中层管理者缺乏"数据驱动决策"意识。
3. 团队文化：强调"务实、结果导向"，对理论培训接受度低。

能力缺口

1. 技能缺口：一线员工无法使用自动化设备，如 PLC（可编程逻辑控制器）编程、传感器调试。
2. 认知缺口：中层管理者依赖经验决策，对 AI 预测模型、工业大数据分析工具（如 Tableau）一无所知。
3. 行为缺口：跨部门协作效率低，比如生产部门与 IT 部门常因需求沟通不畅导致项目延期。

设计需求

请你协助我设计分层人才培养框架
1. 针对一线员工：设计"设备操作 + 基础编程"实操课程（含模拟生产线）。
2. 针对中层管理者：设计"数据思维 + 工业 AI 应用"案例教学（结合行业标杆案例）。
3. 推荐培养工具：提供 3 套适合制造业的数字化工具学习路径。
4. 设计评估机制：生成一套能力评估模型，量化培养前后员工能力变化。

注意事项

要点	内容
避免一刀切	AI 生成的人才培养方案须结合岗位特性调整。
动态迭代	每季度根据业务变化更新人才培养内容，避免方案滞后。
人性激励	AI 可能忽略"学习动力"设计，需管理者补充激励措施。
合法合规	确保培养内容（如涉及客户数据实操）符合隐私保护法规。

3.2　用 AI 设计新员工培训内容

问题情景

1 我们公司今年校招了 50 名应届生，但培训后发现效果很差。比如，技术岗新人连公司内部开发工具的操作都不熟练，销售岗新人连产品参数都记不全，很多人试用期内就离职了，怎么办？

2 这说明新员工培训内容与实际脱节了。新员工培训的核心价值在于"缩短胜任周期，降低流失成本"。精准设计培训内容，让新人快速理解岗位价值、掌握核心技能，才能提升他们的留存率和工作效能。

3 但不同岗位的培训内容差异太大，比如技术岗需要代码实操，销售岗需要话术演练，怎么统一设计？

4 模块化 + 场景化。比如，技术岗可拆解为工具操作模块、代码规范模块、项目实战模块；销售岗可拆解为产品知识模块、客户沟通模块、谈判技巧模块。这样既能保证基础能力统一，又能通过场景化案例提升实操技能。

5 如果培训内容太枯燥，新人根本听不进去，怎么办？

6 可以试试"游戏化 + 社交化"。比如，在技术培训中加入代码闯关游戏，在销售培训中设计角色扮演 PK 赛。可以记录新人学习进度、实践成果，并生成排行榜，激发竞争意识。

AI 提问框架

通用提问公式 = 岗位背景 + 能力需求 + 内容需求

具体描述岗位核心细节，为 AI 提供设计依据。

提问要素
- 岗位定位：如销售岗需快速掌握产品卖点，独立完成客户拜访。
- 现有短板：如新人记不清产品参数，沟通话术生硬。
- 行业特性：如快消行业强调客户复购率，需强化销售技巧。

明确岗位所需的核心能力，需聚焦可量化的能力指标，定位培训重点。

提问要素
- 硬技能：如技术岗需掌握 Python 基础语法、数据库操作。
- 软技能：如销售岗需提升客户洞察力、异议处理能力。
- 文化适配：如需融入公司"客户第一"的价值观。

明确 AI 需提供的具体内容设计成果，以及可落地的培训方案。

提问要素
- 模块设计：如将锴售培训拆解为三大模块，产品知识、沟通技巧、实战演练。
- 形式推荐：如推荐"短视频 + 实操手册 + 模拟演练"的混合式学习形式。
- 评估方式：如设计"知识测试 + 场景模拟 + 导师评分"的三维评估体系。

准备资料

要点	内容
岗位资料	岗位说明书、核心任务清单、现有培训内容及反馈等。
资源限制	培训预算、内部导师资源、外部合作机构清单等。
新人数据	应届生能力评估报告、试用期流失率等。
标杆案例	同行业优秀企业新员工培训方案。

实战案例

我公司计划为新入职的 30 名销售岗应届生设计培训内容，当前现状如下。

1. 岗位定位：在 1 个月内独立开发客户，完成首单签约。
2. 现有短板：新人记不清产品参数，沟通话术生硬，首单签约率不足 30%。
3. 行业特性：快消行业竞争激烈，客户对价格敏感，需快速建立信任。

新员工需掌握以下核心能力

1. 硬技能：精通产品参数（如规格、价格、促销政策）、熟练使用客户管理系统录入客户信息。
2. 软技能：快速洞察客户需求（如通过提问挖掘痛点）、灵活应对客户异议（如价格质疑、竞品对比）。
3. 文化适配：理解公司"客户第一"的价值观，避免过度承诺。

请你协助我

1. 设计培训模块：包括产品知识速记（含参数口诀、竞品对比表）、沟通技巧实战（含客户画像分析、异议处理话术库）、客户管理系统实操（含客户信息录入、跟进记录模板）。
2. 推荐培训形式：提供 3 种适合销售岗的互动形式（如"角色扮演 PK 赛""客户拜访模拟"）。
3. 设计评估体系：生成一套三维评估方案，含产品知识测试、模拟客户拜访评分、首单签约率跟踪。

注意事项

要点	内容
避免填鸭式培训	AI 生成的内容需结合成人学习特点，增加互动环节。
动态调整	每期培训后收集新人反馈，优化内容设计。
文化适配	AI 可能忽略公司文化的隐性要求，需要管理者补充案例。
数据安全	涉及客户信息的模拟案例须脱敏处理，避免泄露商业机密。

3.3 用 AI 做培训需求分析

问题情景

① 我们公司每年投入大量预算做培训，但业务部门总抱怨培训没用。比如，去年给销售团队做了《高效沟通技巧》课程，结果销售冠军反馈"与实际需求脱节"，新人觉得"听不懂、记不住"，该怎么解决？

② 这说明培训需求分析没做到位。培训的核心价值在于精准匹配业务痛点，通过分析岗位能力缺口、员工现有水平、业务目标差距，设计对症下药的培训内容。

③ 但业务部门的需求经常变，比如上个月说要提升客户复购率，这个月又要求缩短销售周期，怎么平衡？

④ 分层 + 优先级。比如，可按战略需求、战术需求、基础需求分层，再结合影响范围和紧急程度排序。

⑤ 如果员工和领导对培训需求有分歧，比如领导要求全员学数据分析，但员工觉得"日常工作用不到"，怎么办？

⑥ 需求分析需做三维度验证，分别是能力验证（通过技能测试评估员工现有水平）、业务验证（分析岗位核心任务）、意愿验证（通过问卷或访谈了解员工真实诉求）。最终须达成共识，避免自上而下强制推行。

AI 提问框架

通用提问公式 = 业务背景 + 需求痛点 + 分析目标

业务背景

具体描述业务背景，为 AI 提供需求分析的锚点。

提问要素

- **战略目标：** 如明年开拓东南亚市场，需提升团队跨文化沟通能力。
- **部门任务：** 如销售部在 Q3 要完成 2000 万元销售额，需强化客户开发技巧。
- **岗位特性：** 如技术岗需掌握自动化脚本编写，以提升工作效率。

需求痛点

明确当前业务目标与员工能力之间的差距，定位培训需求的核心矛盾。

提问要素

- **能力缺口：** 如 70% 员工未通过数据分析工具实操考试。
- **业务影响：** 如因客户谈判技巧不足，导致 30% 订单流失。
- **主观反馈：** 如员工抱怨"课程案例与实际工作场景不符"。

分析目标

明确 AI 需提供的具体分析成果，将问题转化为可落地的需求清单。

提问要素

- **需求分类：** 如战略级需求、战术级需求、基础级需求。
- **优先级排序：** 如按"影响范围"和"紧急程度"打分。
- **验证方式：** 如"通过技能测试 + 业务数据 + 员工调研交叉验证"。

准备资料

要点	内容
战略资料	公司年度规划、部门季度目标、岗位说明书等。
能力数据	员工技能测试成绩、绩效考核结果、业务数据等。
反馈素材	员工培训需求调研问卷、业务部门访谈记录、历史培训评估报告等。
资源限制	培训预算、内部讲师资源、外部合作机构清单等。

实战案例

业务背景

我公司计划于 20×× 年 Q3 启动"东南亚市场拓展项目"，需提升销售团队跨文化沟通能力，当前现状如下。
1. 战略目标：3 个月内完成东南亚 3 国客户开发，首年销售额突破 500 万美元。
2. 部门任务：销售团队需在 2 个月内掌握东南亚客户沟通技巧。
3. 岗位特性：现有销售团队 90% 无海外客户开发经验，英语能力仅限日常交流。

需求痛点

1. 能力缺口：80% 员工未通过英语商务谈判模拟测试；70% 员工对东南亚客户文化禁忌（如宗教、礼仪）了解不足。
2. 业务影响：模拟客户开发中，因文化误解导致 30% 客户流失；英语沟通不畅导致谈判周期延长 20%。
3. 主观反馈：员工反馈"课程案例需包含东南亚客户真实场景"；业务部门要求"以提升英语谈判能力为主，以培训文化礼仪为辅"。

分析目标

请你协助我
1. 做需求分类：将需求分为战略级需求（如英语谈判能力）、战术级需求（如东南亚客户开发技巧）、基础级需求（如文化禁忌知识）。
2. 做优先级排序：按影响范围（如英语谈判能力影响所有客户开发）和紧急程度（如 Q3 需完成首单签约）打分排序。
3. 设计验证方式：设计一份包含英语谈判实操测试、东南亚客户开发模拟、文化禁忌知识问卷的三维验证方案。

注意事项

要点	内容
避免一刀切	AI 生成的需求分析需结合岗位差异（如技术岗与销售岗需求不同）。
动态调整	每季度重新分析需求，避免一次性设计，导致培训内容过时。
人性化补充	AI 可能忽略员工意愿（如对培训时间的要求），需管理者补充调研。
数据真实性	确保输入 AI 的数据真实可靠，避免因输入数据问题而输出无用信息。

3.4 用 AI 做培训课程开发

问题情景

① 我们公司每年花几十万元采购外部课程，但管理者反馈课程老套、案例过时。比如，去年买的领导力课程，案例还是十年前的传统企业，该怎么破局？

② 这说明课程开发没做到场景化。培训要解决实际问题，通过拆解岗位核心任务、提炼高频痛点（如应对一言不合就离职），设计贴合业务场景的课程内容。

③ 但业务部门的需求总变，比如上个月说要提升客户复购率，这个月又要求缩短销售周期，课程开发跟不上变化怎么办？

④ 模块化 + 敏捷迭代。比如，可将课程拆解为基础模块（比如沟通技巧）和业务模块（比如客户复购策略），按业务优先级动态调整模块组合。同时轻量化迅速迭代，比如每季度更新 30% 的案例和任务。

⑤ 如果员工和领导对课程内容有分歧，比如领导要求"多讲理论"，员工觉得"要多实操"，该怎么平衡？

⑥ 课程开发要先做任务验证（岗位任务分析确定知识技能点），再做业务验证（分析任务背后的业务目标），最后做体验验证（学员试听、模拟演练测试课程吸引力），最终达成共识。

AI 提问框架

通用提问公式 = 业务背景 + 课程痛点 + 开发目标

具体描述公司业务背景，帮助 AI 理解课程需解决的业务矛盾。

业务背景

提问要素
- **战略目标：**如明年通过数字化转型提升 20% 的运营效率。
- **部门任务：**如客服部需在 Q3 完成"客户投诉响应时间缩短至 2 小时"。
- **岗位特性：**如新任主管需掌握团队目标拆解与激励技巧。

明确当前课程与业务需求之间的差距，定位课程开发的核心矛盾。

课程痛点

提问要素
- **内容缺口：**如 70% 学员反馈现有课程缺乏数字化工具实操演练。
- **效果差距：**如培训后员工客户投诉处理评分未提升。
- **主观反馈：**如学员抱怨案例过时、任务不贴合实际。

明确 AI 需提供的具体开发成果，指向可落地的课程开发方案任务。

开发目标

提问要素
- **课程框架：**如模块化设计、任务导向型结构。
- **内容形式：**如案例需包含近一年真实业务场景、任务需可量化评估。
- **验证方式：**如通过学员模拟演练评分 + 业务数据（如投诉处理时间）交叉验证。

准备资料

要点	内容
战略资料	公司年度规划、部门季度目标、岗位说明书等。
业务数据	员工技能测试成绩、业务指标、历史课程评估报告等。
反馈素材	员工培训需求调研问卷、业务部门访谈记录、课程差评案例等。
资源限制	课程开发预算、内部讲师资源、外部合作机构清单等。

实战案例

我公司计划于 20×× 年 Q3 启动 "数字化转型项目"，需开发一套《数字化工具应用与数据分析》课程，当前现状如下。

1. 战略目标：3 个月内完成全员数字化工具培训，提升 20% 的运营效率。

2. 部门任务：客服部需在 2 个月内通过数据分析优化客户投诉处理流程。

3. 岗位特性：现有客服团队 80% 无数据分析经验，需从基础工具使用到业务场景应用全流程覆盖。

1. 内容缺口：70% 学员反馈现有课程缺乏 "Power BI 可视化报表实操演练"；60% 学员认为 "Python 自动化脚本案例与客服场景不匹配"。

2. 效果差距：培训后学员客户投诉处理时长未缩短，仍需依赖人工统计；业务部门反馈 "课程未解决'如何通过数据分析定位高频投诉原因'"。

3. 主观反馈：学员要求 "案例需包含近一年真实客户投诉数据"；业务部门要求 "课程需强化'如何通过数据分析优化话术'"。

请你协助我

1. 设计课程框架：设计一套模块化课程，包含基础工具模块（如 Power BI 基础操作、Python 脚本编写）和业务应用模块（如客户投诉数据分析、话术优化）。

2. 内容形式：案例需包含近一年真实客户投诉数据（脱敏处理），任务需可量化评估（如通过数据分析定位 3 个高频投诉原因）。

3. 验证方式：通过学员模拟演练评分（如数据分析报告质量）、业务数据（如客户投诉处理时长）交叉验证课程效果。

注意事项

要点	内容
避免过度理论化	AI 生成的课程框架需结合岗位实际任务场景，避免纯工具教学。
动态迭代	每季度收集学员反馈，更新 30% 的案例和任务，避免内容过时。
人性化补充	AI 可能忽略学员接受度（如畏难复杂工具），需要管理者补充调研。
数据安全	涉及业务数据（如客户投诉记录）须做脱敏处理，避免泄露敏感信息。

3.5 用 AI 制定培训计划方案

问题情景

1 最近公司业务转型，从传统制造业转向智能制造，但员工技能跟不上，之前的培训计划总被管理层评价为"没用"，被员工评价为"不接地气"，怎么办？

2 如果培训内容脱离实际，管理层不满意，员工会抵触；若缺乏系统性，转型进度也会滞后。比如，智能制造需要员工掌握数据分析、设备调试等技能，但培训若只停留在理论层面，员工依然无法上手。

3 我们做过几次专项培训，但效果不明显，员工反馈"学了用不上"，这是培训计划的问题吗？

4 培训计划方案要对症下药。培训计划需结合业务目标、员工能力差距和资源条件设计。比如，若员工基础薄弱，应先补基础技能；若转型急需新技能，则优先安排高强度培训。否则，培训就成了走过场。

5 如果公司预算有限，培训计划该怎么调整？

6 用最少的资源解决最紧迫的问题，而非追求全面覆盖。比如，聚焦关键岗位，采用"线上 + 线下"混合模式（线上理论课 + 线下实操），或与供应商合作（设备厂商提供免费培训）。

AI 提问框架

通用提问公式 = 情境描述 + 目标需求 + 资源约束 + 输出要求

情境描述

对培训计划背景的客观陈述，帮助 AI 理解培训计划的需求背景。

提问要素
- 业务背景：如公司转型方向、业务痛点。
- 员工现状：如现有技能水平、岗位分布、培训历史。
- 时间范围：如培训计划周期（年度、季度等）。

目标需求

明确培训计划的目标，需具体、可量化，聚焦培训计划的核心方向。

提问要素
- 能力目标：如员工需掌握的技能、需提升的能力。
- 业务目标：如培训后需达成的业务成果。

资源约束

培训计划的资源限制，确保培训计划方案可行，避免资源浪费。

提问要素
- 预算限制：如培训总预算、单次培训成本上限。
- 时间限制：如培训周期、员工可投入的时间（如工作日、周末）。
- 师资条件：如内部讲师能力、外部合作资源。

输出要求

对培训计划方案的具体要求，确保方案可落地。

提问要素
- 方案形式：如培训计划框架、培训方式。
- 内容要求：如培训课程设计、评估方式。
- 交付物：如培训计划文档、课程材料、评估报告。

准备资料

要点	内容
业务背景	公司业务情况、员工技能水平、培训历史等。
计划目标	如员工需要掌握的技能、提升的能力、达成的业务成果等。
资源约束	培训总预算、单次培训成本上限、员工可投入的时间等。
输出要求	培训计划模板、优秀的培训计划参照资料。

实战案例

情境描述

我公司是一家传统制造业企业，计划在一年内完成向智能制造的转型。目前员工技能水平参差不齐，尤其是生产线技术员和设备维护员，缺乏数据分析、设备调试等技能。过去一年，我们尝试过几次专项培训，但效果不佳，员工反馈"学了用不上"。

目标需求

1. 员工需掌握数据分析、设备调试等技能，提升 10% 的生产效率。
2. 培训后员工需能独立完成设备故障排查、数据采集与分析。
培训计划周期为年度培训计划，分阶段实施（如基础技能培训、进阶技能培训、实操考核）。

资源约束

1. 预算限制：总预算 50 万元，单次培训成本不超过 10 万元。
2. 时间限制：员工可投入的时间为每周 1 天（线下培训），其余时间通过线上学习。
3. 师资条件：内部讲师 3 人，外部合作资源（设备厂商提供免费培训）。

输出要求

请你协助我生成培训计划方案，提供如下内容
1. 培训计划框架：课程大纲（包括数据分析、设备调试等课程）、时间表（分阶段实施）。
2. 培训方式：线上理论课（每周 2 小时）+ 线下实操课（每月 1 天）+ 案例分析（每季度 1 次）。
3. 评估方式：考试（线上理论课）+ 实操考核（线下实操课）+ 项目评估（实际工作表现）。
4. 交付物：培训计划文档、课程材料、评估报告。

注意事项

要点	内容
需求验证	AI 生成的培训计划方案需与业务部门沟通，确保其符合实际需求。
动态调整	培训计划需定期评估（如每季度 1 次），根据员工反馈、业务变化动态调整。
人性化补充	AI 方案可能忽略员工接受度，需管理者二次判断。

3.6 用 AI 做培训效果评估

问题情景

1 最近公司花大价钱请外部讲师做了一场领导力培训，但培训后大家反馈平平，业务表现也没明显提升。这种投入产出不成正比的情况该怎么解决？

2 很多企业只关注培训过程（比如参与人数、讲师评分），却忽略了结果（比如行为改变、绩效提升）。通过科学评估，能发现培训是否真正匹配业务需求，要避免资源浪费。

3 员工反馈说培训内容"理论性太强"，业务部门也说"不够落地"，我该怎么评估培训效果，证明培训是有价值的？

4 可以从三个维度切入：一是员工能力提升；二是行为转化；三是业务结果。用数据说话，才能让培训真正服务业务。

5 如果评估发现培训效果差，该怎么调整？直接砍掉项目吗？

6 评估的核心是找到问题根源，不是终点，而是改进的起点。比如，若发现培训内容与岗位需求脱节，可优化课程设计；若员工缺乏实践机会，可增加导师制或行动学习环节。

AI 提问框架

通用提问公式 = 培训背景 + 评估痛点 + 分析需求

具体描述培训背景，为评估提供基础信息。

培训背景

提问要素
- **培训主题：**如销售技巧提升、跨部门协作。
- **培训形式：**线上 / 线下 / 混合式。
- **参与对象：**如新员工、管理层、特定岗位。
- **培训周期：**如单次课程、系列课程。

明确培训效果评估中遇到的具体问题或挑战，聚焦可量化的矛盾点。

评估痛点

提问要素
- **评估方法缺陷：**如仅通过问卷收集反馈，缺乏行为数据。
- **效果不明显：**如员工技能评分提升，但业绩未改善。
- **资源限制：**如评估成本高，难以覆盖全员。

明确希望 AI 通过数据分析或逻辑推演解决的具体任务，指向可落地的结论。

分析需求

提问要素
- **评估维度：**如柯氏四级评估模型、ROI 分析。
- **数据来源：**如培训记录、绩效数据。
- **输出形式：**如设计一套轻量级评估工具、推荐低成本数据收集方案。

准备资料

要点	内容
培训基础信息	培训目标、课程大纲、讲师资料、参与人员名单等。
评估数据	培训前后的技能测试结果、员工满意度调查、绩效数据等。
业务场景描述	培训对应的业务目标、当前业务痛点等。
资源限制	评估预算、时间周期、可调用的工具等。

实战案例

培训背景

我公司近期为销售团队（50人）开展了一场"客户谈判技巧"培训，为期2天，线下授课，讲师为外部行业专家。培训目标是提升销售人员的客户成交率，但未明确设定量化指标。

评估痛点

目前的培训评估痛点如下

1. 评估方法单一：仅通过课后问卷收集反馈，员工评分普遍较高（平均 4.5/5 分），但管理层发现实际谈判成功率未提升。
2. 数据割裂：培训记录与业务数据未打通，难以判断培训对业绩的影响。
3. 资源有限：公司希望低成本完成评估，但缺乏专业工具和人力。

分析需求

请你协助我

1. 基于柯氏四级评估模型，设计一套轻量级评估方案，重点覆盖行为层（员工是否在工作中应用谈判技巧）和结果层（谈判成功率、客户复购率）。
2. 提供低成本数据收集方法（如利用现有客户管理系统提取谈判记录、设计3分钟快速调研问卷）。
3. 输出评估报告框架，包含关键指标、数据来源、分析逻辑及改进建议。

注意事项

要点	内容
多维度验证	AI 生成的评估方案需结合实际业务数据进行验证，避免仅依赖理论模型。
简化执行	优先选择可利用现有工具（如 Excel、问卷星）的方案，避免增加成本。
动态调整	培训效果评估需定期迭代（如每季度一次），根据业务变化优化评估指标。
关注隐性价值	培训效果可能体现在员工信心提升、团队协作改善等非量化维度，需结合观察法或访谈补充评估。

3.7 用 AI 设计职业发展通道

问题情景

1 公司最近总收到员工反馈"看不到晋升希望"，技术骨干离职率同比涨了 30%。我们明明有晋升标准，但员工总觉得规则不透明，这种情况怎么破？

2 很多企业把晋升标准等同于职业发展通道，却忽略了"路径可视化"和"能力阶梯化"。设计清晰的通道，能让员工明确现在在哪、未来去哪、如何到达，从而降低流失率。

3 但不同岗位的能力要求差异很大，比如研发岗看技术深度，销售岗看业绩转化，怎么统一设计？

4 职业发展通道要分层分类。比如，技术岗可设计"初级工程师→专家→架构师"的纵向通道，同时叠加"技术 + 管理"的双通道；销售岗可区分客户深耕和市场开拓两个方向。

5 如果员工能力达标但没晋升机会，员工的职业发展通道设计不就失效了吗？

6 所以通道设计需要与组织战略动态匹配。同时建立"通道容量预警机制"，当某层级人才饱和时，触发横向轮岗或项目制晋升，让通道"活"起来。

AI 提问框架

通用提问公式 = 组织背景 + 设计痛点 + 需求目标

为通道设计提供基础框架，帮助 AI 理解企业人才管理的实际，避免设计脱离实际。

组织背景

提问要素
- **行业特性**：如互联网、制造业、服务业。
- **岗位分类**：如技术岗、管理岗、职能岗。
- **员工规模与分布**：如总部 / 分支机构、全职 / 外包。
- **现有通道**：如说明规则与问题。

明确职业发展通道设计中的具体挑战或矛盾点，聚焦可量化的矛盾。

设计痛点

提问要素
- **员工痛点**：如晋升标准不透明、缺乏横向发展机会。
- **组织痛点**：如关键岗位断层、人才流失率高。
- **资源限制**：如预算有限，无法大规模培训。

明确希望 AI 通过设计或优化解决的具体任务，指向可落地、可执行的设计方案。

需求目标

提问要素
- **通道类型**：如单通道、双通道、多通道。
- **能力模型**：如需 AI 生成岗位能力词典、晋升里程碑。
- **配套机制**：如通道动态调整规则、晋升答辩流程。
- **输出形式**：如设计一套可视化通道图谱、推荐低成本实施路径。

准备资料

要点	内容
岗位基础信息	岗位说明书、能力模型、现有晋升规则等。
员工数据	员工能力评估结果、晋升记录、离职原因分析等。
业务场景描述	未来 3 年战略目标、关键岗位需求等。
资源限制	设计预算、可调用的工具、管理团队支持度等。

实战案例

组织背景

我公司为互联网企业（500 人），以技术驱动为主，岗位分为技术岗（占比 60%）、产品岗（20%）、职能岗（20%）。现有晋升规则为"满 2 年 + 主管评分 ≥ 80 分"，但员工反馈"评分标准模糊"，且技术岗仅设单一管理通道，导致资深工程师晋升后被迫转管理岗，技术能力停滞不前。

设计痛点

1. 通道单一：技术岗仅设管理通道，无技术专家晋升路径，核心骨干流失率达 25%。
2. 标准模糊：晋升评分依赖主管主观判断，缺乏客观能力评估依据。
3. 缺乏前瞻性：公司计划未来 2 年重点发展 AI 与大数据，但现有通道未覆盖相关岗位。

需求目标

请你协助我
1. 为技术岗设计"管理 + 专家"双通道，明确各通道晋升标准（如专家通道需完成 ×× 项目、获得 ×× 认证）。
2. 生成岗位能力词典，包含各层级技术岗的核心能力（如"初级工程师：独立完成模块开发""专家：主导架构设计"）。
3. 设计通道动态调整机制，如"当 AI 岗位需求增长 30% 时，自动触发通道扩容"。
4. 输出可视化通道图谱（含晋升路径、能力要求、典型里程碑）及低成本实施建议。

注意事项

要点	内容
员工参与	AI 生成的通道方案需通过员工访谈或焦点小组验证，保证实用。
简化落地	优先设计"轻量化"通道（如仅覆盖核心岗位），逐步迭代。
避免固化	需定期（如每年）根据业务变化调整通道规则，避免过时。
文化适配	AI 方案可能忽略隐性文化，需结合企业价值观调整。
配套资源	通道设计需与培训、薪酬体系联动，避免有通道无资源。

3.8 用 AI 辅助人才梯队建设

问题情景

1 我们公司最近业务扩张快，但关键岗位（比如技术总监、区域销售负责人）一空缺就不知所措，外部招聘成本高，内部提拔又怕能力不够，这种情况怎么破局？

2 这正是缺失人才梯队建设造成的问题。如果企业没有提前规划好关键岗位继任者池，一旦核心人才流失，业务就会陷入被动。

3 但不同岗位的继任者要求差异很大，比如技术岗需要技术深度，管理岗需要跨部门协调能力，怎么统一规划？

4 技术岗可以按"技术骨干→架构师→CTO（首席技术官）"设计，管理岗可以按"主管→总监→事业部负责人"设计，同时为每个层级设计能力雷达图（如技术岗侧重技术能力，管理岗侧重团队激励与协调）。

5 如果梯队里的人能力达标但不想接岗（比如技术专家不想转管理岗），怎么办？

6 所以人才梯队建设要双轨并行，为不同职业倾向的人提供不同的选择。同时要建立起"继任者意愿度评估机制"，对高潜力但低意愿的人才，可通过轮岗、项目制参与等方式逐步引导，而非强行提拔。

AI 提问框架

通用提问公式 = 组织背景 + 核心痛点 + 需求目标

为梯队设计提供基础框架，帮助 AI 理解企业的人才储备"家底"。

提问要素
- **行业特性：** 如制造业重工艺传承、互联网重技术迭代。
- **关键岗位清单：** 如技术、销售、运营的核心岗位。
- **现有梯队机制：** 如有，需说明规则与问题。
- **人才结构：** 如年龄分布、司龄分布、高潜人才占比。

明确人才梯队建设中的具体矛盾或风险点，帮助 AI 聚焦可量化的核心问题。

提问要素
- **岗位风险：** 如技术总监岗位继任者储备不足、销售团队无区域负责人备选。
- **能力缺口：** 如关键岗位人才能力与企业战略不匹配。
- **资源矛盾：** 如培养预算有限，无法覆盖全员。

明确希望 AI 通过设计或优化解决的具体任务，指向可落地、可执行的方案。

需求目标

提问要素
- **梯队结构：** 如设计 3 级技术梯队、划分 5 类关键岗位。
- **培养机制：** 如生成高潜人才 90 天培养计划、设计跨部门轮岗方案。
- **评估工具：** 如生成岗位胜任力评估表、设计继任者潜力评分卡。
- **输出形式：** 如生成梯队建设路线图、推荐低成本培养路径。

准备资料

要点	内容
岗位基础信息	关键岗位说明书、能力模型、现有继任者名单等。
员工数据	员工能力评估结果、绩效数据、培训记录、职业倾向调研结果等。
业务场景描述	未来 3 年战略目标、关键岗位需求预测等。
资源限制	培养预算、可调用的内部资源、管理层支持度等。

实战案例

组织背景

我公司为制造业企业，员工 800 人，以工艺研发为核心竞争力，关键岗位包括研发工程师、生产经理、销售总监。现有梯队机制为"部门推荐后备干部名单"，但未明确能力标准，导致研发总监岗位空缺时，内部提拔的候选人因"技术方向与战略不匹配"被否决，最终外聘成本超预算 30%。

核心痛点

1.岗位风险：研发总监、生产经理岗无明确继任者，人才断层风险高。
2.能力缺口：现有高潜人才技术能力较强，但缺乏技术商业化思维，与战略需求（将研发成果转化为量产产品）脱节。
3.资源矛盾：培养预算有限，无法支持全员轮岗，需聚焦具备高性价比的培养方式。

需求目标

请你协助我
1.为研发岗设计 3 级人才梯队（技术骨干→技术专家→研发总监），明确各层级能力标准（如技术专家需主导 1 项量产项目、研发总监需具备技术成本优化能力）。
2.生成高潜人才 90 天培养计划，包含"技术 + 商业化"混合培养任务（如参与量产项目决策、分析竞品技术商业化案例）。
3.设计继任者潜力评分卡，包含能力、意愿、文化适配度 3 个维度，并推荐低成本评估方式（如 360 度反馈 + 项目实战表现）。
4.输出梯队建设路线图，包含关键里程碑（如 3 个月内完成首轮评估、6 个月内启动轮岗试点）及资源估算。

注意事项

要点	内容
避免纸上计划	设计培养任务时需明确谁负责、何时完成、如何验收。
文化适配	AI 可能忽略隐性文化，需结合企业价值观调整。
员工参与	梯队建设需通过宣导会、一对一沟通等方式获得员工认可。
数据隐私	涉及员工能力、绩效等敏感数据时，须脱敏后输入 AI。
动态调整	AI 生成的梯队方案需结合业务变化定期迭代，避免过时。

第

4

章

AI+绩效管理

绩效管理是企业衡量员工贡献、激发团队潜能的关键环节。有了 AI，可以让这一过程更加科学、公正、高效。从设计全面的绩效管理体系，到细化绩效管理程序；从精准分解绩效指标，到设计贴合岗位特点的目标；从快速查找绩效问题，到设计绩效评价方法；从生成绩效辅导话术，到提出切实可行的绩效改进方案，再到设计合理的绩效结果应用机制，AI 在绩效管理的每一个维度都发挥着关键作用，助力企业构建以绩效管理为导向的企业文化，激发员工潜能，推动企业持续发展。

4.1 用 AI 设计绩效管理体系

问题情景

1 我们公司每年绩效考核都像走过场，员工觉得指标不合理，管理者觉得打分凭感觉，最后绩效结果和调薪、晋升关联性弱，该怎么破局？

2 很多企业把绩效管理简化为打分，却忽略了它的核心价值——战略落地和行为引导。如果绩效指标与战略目标脱节，员工就会陷入为考核而工作，而非为价值而工作。

3 不同岗位的工作性质差异很大，比如销售重结果，技术重过程，怎么统一设计指标？

4 销售岗可设计"业绩达成率 + 客户满意度 + 回款周期"三维指标，技术岗可设计"项目交付质量 + 技术创新贡献 + 协作效率"三维指标。将战略目标拆解为部门、岗位可落地的行为指标。

5 如果员工觉得绩效结果不公平（比如努力但未完成指标的人被扣分，混日子的人反而靠人际关系拿高分），怎么办？

6 绩效管理需配套过程反馈（比如管理者和员工的季度绩效面谈）和结果申诉（比如员工可对评分依据提出异议）。同时设计绩效校准会，由跨部门管理者共同评审异常评分（比如全部门最低分、最高分），避免主观偏见。

AI 提问框架

通用提问公式 = 组织背景 + 核心痛点 + 需求目标

组织
背景

描述企业的管理现状，帮助 AI 理解企业绩效管理的"土壤"，为设计提供基础框架。

提问要素
- **行业特性**：如服务业重客户体验、制造业重生产效率。
- **战略目标**：如未来 3 年市场占有率提升至 30%、成本降低 15%。
- **现有绩效机制**：如有，需说明指标类型、考核周期、结果应用方式。
- **员工结构**：如岗位类型、层级分布、平均年龄。

核心
痛点

明确绩效管理中的具体矛盾或风险点，引导 AI 聚焦可量化的核心问题矛盾。

提问要素
- **指标问题**：如指标与战略脱节、指标无法量化。
- **流程问题**：如考核周期过长、反馈机制缺失。
- **结果应用问题**：如绩效与薪酬脱钩、高绩效员工流失。

需求
目标

明确希望 AI 通过设计或优化解决的具体任务，指向可落地、可执行的方案。

提问要素
- **指标体系**：如设计销售岗三维指标、生成技术岗 OKR 模板。
- **流程设计**：如优化季度考核流程、设计绩效申诉机制。
- **工具支持**：如生成绩效面谈话术库、设计绩效校准会评分表。
- **输出形式**：如生成绩效管理制度草案、推荐低成本数字化工具。

准备资料

要点	内容
战略与业务数据	企业战略目标、部门职责说明书、历史绩效数据等。
岗位信息	岗位说明书、典型工作流程、跨部门协作场景等。
员工反馈	绩效满意度调研结果、绩效申诉案例、离职员工访谈记录等。
资源限制	现有绩效管理工具、预算范围、管理者时间投入能力。

实战案例

组织
背景

我公司为区域型连锁餐饮企业，拥有 200 家门店，战略目标为"未来 2 年将线上外卖占比从 30% 提升至 50%"，现有绩效机制为"门店经理按营收考核，厨师按出餐速度考核"，但存在以下问题。
1. 线上订单差评率居高不下（20% 差评涉及"包装破损""配送超时"），但门店经理考核未纳入客户满意度。
2. 厨师为追求出餐速度，简化菜品制作流程，导致复购率下降 15%。
3. 绩效结果仅与奖金挂钩，优秀员工晋升通道不清晰。

核心
痛点

1. 指标脱节：现有指标未覆盖"线上服务体验""菜品标准化"等考核重点。
2. 流程低效：考核周期为年度，无法及时反馈问题。
3. 激励不足：绩效结果未与晋升、培训挂钩，员工积极性差。

需求
目标

请你协助我
1. 设计门店经理、厨师的战略导向绩效指标库。
2. 优化季度考核流程，包含"目标设定→月度过程反馈→季度校准会→结果应用"四阶段，并生成各阶段工具（如《月度绩效面谈记录表》《绩效校准会评分表》）。
3. 设计"绩效－晋升"挂钩机制，明确"连续 2 年绩效 A 级可晋升区域督导""绩效 C 级需参加技能培训"等规则。
4. 推荐低成本数字化工具（如用问卷星收集客户评价、用腾讯文档实现跨部门数据共享）。

注意事项

要点	内容
员工参与	设计过程中需通过调研、座谈会等方式收集员工意见，避免方案被抵制。
避免唯指标论	设计指标时需保留主观评价项（如团队协作、创新贡献）。
管理者赋能	绩效方案落地前需培训管理者"如何打分更公平""如何做绩效面谈"，避免方案因执行偏差失效。
文化适配	AI 可能忽略人情文化（如部分企业反对公开排名），需结合企业价值观调整结果应用方式。

4.2 用 AI 设计绩效管理程序

问题情景

1 最近公司推行绩效改革，各部门反馈考核标准模糊、流程烦琐，员工抵触情绪明显，这种情况该如何系统化解决？

2 这说明绩效管理程序尚未结构化。一套科学的流程需要从目标设定、过程追踪到结果反馈形成闭环，这样不仅能统一标准，还能通过动态调整减少执行阻力。

3 我们在目标设定环节争议最大，管理层希望量化指标，但部分岗位难以用数据衡量，比如创意设计岗，这种情况怎么办？

4 对容易量化的岗位，可以用 KPI，对非量化岗位，可以采用"OKR+ 能力评估"模型，结合上级、同事、客户的多维度反馈，确保公平性。

5 但周期性的绩效考核耗时太长，HR团队每月要处理上百份评估表，效率太低。

6 一是在于节点控制，比如，将年度绩效考核拆分为"季度目标复盘 + 半年综合评估"；二是利用自动化工具简化数据汇总，让 HR 团队聚焦核心决策而非事务性工作。

AI 提问框架

通用提问公式 = 岗位特性描述 + 绩效管理痛点 + 功能需求

岗位特性描述

说明目标岗位的工作性质及现行规则，为 AI 提供分析基础，确保 AI 理解不同岗位的差异化需求。

提问要素

·岗位类型：如销售、研发、职能。
·工作产出形式：如量化指标 / 非量化成果。
·现行考核方法：如 KPI、OKR。

绩效管理痛点

明确当前流程中导致低效或矛盾的核心问题，帮助 AI 定位需优先解决的环节。

提问要素

·执行问题：如评估周期过长、员工认为标准不公。
·数据问题：如考核结果与业务目标脱节、缺乏过程追踪数据。
·成本问题：如 HR 手动处理表格耗时占比 30%。

功能需求

提出对 AI 解决方案的具体要求，指向可落地的工具或模型。

提问要素

·流程优化需求：如缩短评估周期、增加实时反馈机制。
·工具需求：如自动生成考核报告模板、多维度权重计算工具。
·风险控制需求：如规避主观评分偏差、员工申诉数据分析。

准备资料

要点	内容
绩效管理现状	现有考核制度、流程图、历史数据（如评分分布、申诉案例）等。
岗位与指标库	岗位说明书、典型考核指标、权重分配规则等。
用户需求调研	HR、管理者、员工对现有程序的痛点反馈等。
技术限制	现有 IT 系统（如 OA 平台）的集成能力、预算范围等。

实战案例

岗位特性描述

我是一家电商公司的 HRBP（人力资源业务合作伙伴），负责客服团队的绩效管理。团队共 50 人，分售前咨询（30 人）和售后处理（20 人）两组。现行考核以接单量（售前）和解决率（售后）为核心 KPI，月度评估耗时约 80 小时。

绩效管理痛点

1. 售前客服为冲量敷衍回答，导致客户投诉升级。
2. 售后复杂事件处理时长无法通过解决率体现，员工抱怨绩效考核不公。
3. 主管手动统计绩效数据错误率达 15%。

功能需求

请你协助我
1. 设计分层考核模型，售前增加服务质量评分（如客户满意度 + 质检抽检），售后纳入事件难度系数。
2. 生成自动化数据看板，实时抓取系统工单数据并计算绩效得分。
3. 提供"绩效面谈要点清单"，包含不同评分区间员工的沟通策略。

注意事项

要点	内容
数据真实性校验	AI 生成的考核模型需用小样本测试（如 10 人试点），比对历史数据偏差率。
合规性审查	涉及薪资、晋升的规则需符合相关法律法规规定及公司制度（如绩效占比不得超过工资 50%）。
员工接受度管理	AI 设计的指标需配套解读文档（如为什么新增质检评分），减少推行阻力。
动态迭代	根据业务变化定期调整 AI 模型参数（如大促期间客服考核权重临时调整规则）。

4.3　用 AI 分解绩效指标

问题情景

1 最近公司推行年度战略目标，但各部门的绩效指标始终无法对齐。比如市场部认为"提高品牌曝光率"是核心，销售部却坚持"销售额增长30%"才是重点，怎么统一方向？

2 这说明战略目标在落地时未被有效分解。若公司战略是"提升市场份额"，市场部指标可以是"潜在客户覆盖率提升20%"，销售部则是"转化率提高15%"，两者共同支撑大目标。

3 但实际操作中，跨部门指标容易重复或冲突。比如技术部要求"缩短产品迭代周期"，而产品部强调"功能完善度优先"，这种矛盾怎么解决？

4 建立目标联动机制。通过分解指标时明确上下游依赖关系，比如技术部的"迭代周期"需与产品部的"需求文档交付及时率"挂钩，同时设定共同指标如"用户满意度提升10%"，让双方共享结果利益。

5 还有一个问题，员工总觉得绩效考核是"强制分档"，缺乏认同感。比如客服团队抱怨"投诉解决率"指标一刀切，忽视了复杂案例的处理难度。

6 这反映出指标分解时未考虑岗位特性。可以将客服指标拆解为基础效率指标和质量提升指标，并允许员工参与设定个人挑战目标，增强自主性。

AI 提问框架

通用提问公式 = 组织情境 + 分解障碍 + 输出要求

具体描述当前企业的组织情境，帮助 AI 理解指标分解的起点和约束条件。

组织情境

提问要素
- **战略层级**：如公司级目标"未来一年营收增长 25%"。
- **部门 / 岗位分工**：如销售部、研发部的核心职责。
- **业务特殊性**：如项目制团队与职能制团队的差异。

明确绩效指标分解过程中遇到的具体问题，定位需要 AI 重点突破的痛点。

分解障碍

提问要素
- **目标冲突**：如短期收益与长期创新的矛盾。
- **量化困难**：如"创新能力"难以转化为具体数值。
- **执行阻力**：如员工对指标公平性的质疑。

提出对 AI 分析结果的具体需求，确保输出结果可直接用于管理决策。

输出要求

提问要素
- **分解逻辑**：如按部门、岗位、时间维度拆解。
- **量化标准**：如"客户满意度"需拆解为响应速度、解决率等子项。
- **调整建议**：如动态权重分配方案。

准备资料

要点	内容
战略目标文档	公司年度规划、董事会决议、管理层会议纪要等。
岗位说明书	各岗位核心职责、KPI 历史数据、协作流程图等。
业务数据	历史绩效数据、客户反馈记录、跨部门协作案例等。
管理需求	高层对指标设计的特殊要求（如需强化合规性考核）。
外部参考	行业标杆企业的指标设计案例。

实战案例

 组织情境

我是某跨境电商公司 HR 负责人，公司战略目标为"未来一年营收增长 25%"，业务涵盖市场推广、供应链管理、用户运营三大板块，团队共 150 人。当前销售部以"GMV（商品交易总额）提升"为核心指标，供应链部主抓"库存周转率"，但两者协同不足，导致促销期间常出现断货或库存积压。

 分解障碍

1. 目标割裂：销售部为冲 GMV 过度承诺发货时效，供应链被迫加班，导致成本超支。
2. 指标模糊：用户运营团队的"用户体验优化"缺乏量化标准，考核争议大。
3. 动态调整难：季度目标固定，无法响应市场变化（如突发性爆品需求）。

 输出要求

请你协助我
1. 将"营收增长 25%"拆解为市场、销售、供应链联动的三级指标（公司 - 部门 - 个人）。
2. 设计"用户体验优化"的量化方案（至少包含 3 个可衡量的子维度）。
3. 提供指标动态调整机制（如根据季度数据浮动调整权重）。

注意事项

要点	内容
平衡量化与定性	避免过度依赖数字指标（如"员工创新能力"可结合项目成果和同事互评）。
层级穿透性验证	检查基层指标是否真正支撑高层目标（如"客服通话时长缩短"是否损害满意度）。
预留弹性空间	AI 生成的指标需包含容错区间（如销售额 ± 5% 浮动不扣分）。
合规性审查	剔除可能引发劳动纠纷的指标（如强制加班时长）。

4.4 用 AI 设计岗位目标

问题情景

1 最近公司业务调整后，各部门频繁抱怨职责不清，员工忙得团团转却总说"不知道重点该做什么"。绩效考核时也很难量化成果，这种情况该怎么解决？

2 这是典型的岗位目标缺失问题。如果没有清晰的目标，员工就容易陷入事务性工作，无法对齐业务方向。比如销售团队若缺乏"客户留存率提升"的量化目标，就可能只顾签单而忽视服务。

3 但我们每个岗位都有岗位说明书，里面也写了职责啊？

4 岗位说明书是静态描述，而岗位目标需要动态承接战略。比如同样是招聘岗，在扩张期目标是"3 个月内填补 50 个关键岗位"，而在转型期可能是"优化人才结构，引入 3 名 AI 算法专家"。

5 明白了，但实际操作中如何平衡高层战略和员工执行落地的差距？

6 "翻译"组织战略，将其拆解为员工看得懂的语言。比如"提升人效"这一目标可转化为"销售岗季度客单价提升10%""客服岗问题解决时效缩短至 24 小时"等，让员工知道自己做什么、怎么做、做到什么程度。

AI 提问框架

通用提问公式 = 角色定位 + 场景需求 + 约束条件 + 设计要求

角色定位

明确目标设计的对象岗位核心职能及其在组织中的价值定位。

提问要素
- 岗位名称及层级：如初级产品经理、大区销售总监。
- 核心职责概述：如客户需求调研、团队业绩达成。
- 协同关系：如需与市场部、技术部高频协作。

场景需求

阐述当前业务阶段对岗位的核心要求，关联组织战略或业务痛点。

提问要素
- 业务阶段：如市场扩张期、产品迭代攻坚期。
- 战略目标拆解：如未来半年营收增长 20%、客户满意度提升至 90%。
- 现存痛点：如跨部门协作效率低、新员工上手速度慢。

约束条件

限定目标设计的边界条件，确保方案的可行性和适配性。

提问要素
- 资源限制：如预算缩减 30%、团队人数固定。
- 时间范围：如季度目标、年度目标。
- 文化适配：如公司倡导扁平化管理、需符合合规要求。

设计要求

明确 AI 需输出的目标类型、格式与验证方式。

提问要素
- 目标类型：如结果目标、过程目标、学习目标。
- 输出格式：如表格形式，含目标名称、计算公式、数据来源等。
- 验证方式：如需与历史数据对比、需部门负责人确认合理性。

准备资料

要点	内容
岗位基础信息	岗位描述原文、岗位胜任力模型、历史绩效考核数据等。
业务战略材料	公司年度战略规划、部门季度 OKR/KPI、近期业务复盘报告等。
约束条件清单	预算范围、编制限制、合规红线等。
员工反馈数据	岗位满意度调研结果、员工职业发展诉求等。

实战案例

我是一家互联网教育公司的 HRBP，需为"课程运营经理"岗位设计季度目标。该岗位核心职责包括课程上线进度管理、用户学习数据分析与教师团队协同，业务直接向产品总监汇报。团队现有 3 名成员，均具备 1~3 年运营经验，但缺乏数据驱动决策的能力。

公司当前处于业务转型期，战略重心从"规模化扩张"转向"用户体验提升"，要求课程运营团队在 Q4 达成以下目标。
1. 用户完课率从 60% 提升至 75%。
2. 课程迭代周期从 2 个月缩短至 1 个月。
3. 降低教师资源内耗（目前因排课冲突导致 20% 的教师闲置）。

1. 预算限制：无法新增编制，且培训费用需控制在人均 2000 元内。
2. 时间要求：目标需在 20×× 年 Q4 见效。
3. 团队现状：成员 Excel 技能熟练，但未系统使用过 BI 工具。

请你协助我
1. 设计 3~5 个可量化的岗位目标，需符合 SMART 原则（包括五个基本原则：具体性、可衡量性、可实现性、相关性、时间限制）。
2. 针对"数据驱动能力不足"的短板，推荐低成本提升方案（如内部培训主题、工具选择）。
3. 预估目标达成可能遇到的阻力，并提出规避建议。

注意事项

要点	内容
目标合理性校验	AI 可能设计过于理想化的量化目标，需结合行业基准值调整。
权责平衡	避免目标设计偏向"压榨式考核"，需匹配资源支持。
文化兼容	若 AI 建议"严格每日汇报"，但公司文化强调弹性管理，需相应调整。
动态迭代	岗位目标需随业务变化定期修正。

4.5　用 AI 查找绩效问题

问题情景

1 我们公司今年 Q1 绩效复盘发现，部门间目标完成率差异极大，销售部超额完成 20%，技术部则未达目标。员工私下抱怨"目标不合理"，管理层又觉得"团队执行力差"，问题到底出在哪？

2 这是典型的"目标－能力－资源"断层，比如技术部可能承担了"2 个月上线 AI 质检系统"的目标（难度较大），但由于团队缺乏算法经验（能力不足），或者服务器算力不足（资源不足），导致目标未完成。

3 听起来像"剥洋葱"？但具体该怎么剥？比如我们想分析技术部绩效差的原因，究竟该从哪里入手呢？

4 可以分三步：第一步，看目标合理性，比如目标是否符合 SMART 原则；第二步，看能力差距，比如团队技能与目标所需技能的匹配度；第三步，看资源约束，比如预算是否支持外包关键模块。

5 如果分析出来是目标定高了，该怎么调整？直接降目标会不会显得管理无能？

6 用数据说话。比如，对比历史数据"过去 3 年，技术部同类项目平均耗时 12 个月，但本次目标定为 6 个月，且未增加资源投入"这样的分析既能为目标调整提供依据，又能避免主观推诿。

AI 提问框架

通用提问公式 = 绩效场景定位 + 问题归因需求 + 改进建议需求

绩效场景定位

为 AI 提供分析具体的场景，避免泛泛而谈。

提问要素
- **业务场景**：如新系统上线项目、季度销售冲刺。
- **目标类型**：如项目按时交付率、销售额达成率。
- **绩效周期**：如 20×× 年 Q2、项目全生命周期。

问题归因需求

明确需 AI 定位的绩效问题类型及归因维度，将模糊的"绩效差"转化为可分析的"问题树"。

提问要素
- **问题类型**：如目标过高、能力不足、资源短缺。
- **归因维度**：如目标合理性、技能匹配度、协作效率。
- **数据来源**：如历史绩效数据、员工能力评估报告、资源分配记录。

改进建议需求

明确 AI 需输出的改进方向、方案与验证方式，将分析结果转化为可落地的管理动作。

提问要素
- **改进方向**：如调整目标、补充培训、优化流程。
- **方案格式**：如表格形式，含改进措施、责任人、时间节点。
- **验证方式**：如需通过 A/B 测试验证、需与历史数据对比。

准备资料

要点	内容
绩效数据	历史绩效评分、目标达成率、项目里程碑完成情况等。
能力评估	员工技能矩阵、培训记录、360 度反馈报告等。
资源记录	预算分配表、跨部门协作日志、设备 / 工具使用记录等。
目标文档	OKR/KPI 设定依据、目标调整记录、管理层审批意见等。

实战案例

绩效场景定位 → 我们是某在线教育公司课程研发部，负责开发 K12 数学直播课。20××年 Q2 目标为"上线 5 门新课程，平均用户完课率 ≥ 85%"，但实际仅上线 3 门，完课率仅 78%。

问题归因需求 →

请你协助我分析绩效问题根源，要求如下

1. 问题类型：聚焦"目标合理性"与"能力 – 资源匹配度"。
2. 归因维度。
- 目标合理性：对比历史课程开发周期（平均 45 天 / 门）与本次目标（30 天 / 门）。
- 能力匹配度：评估团队中具备"直播课互动设计经验"的人数（当前仅 2 人，目标要求全员参与）。
- 资源约束：统计开发期间服务器宕机次数（共 5 次，每次平均延误 2 天）。
3. 数据来源：引用项目管理系统中的任务耗时记录、员工技能评估报告、IT 部故障日志。

改进建议需求 →

请你协助我提供改进方案，要求如下

1. 方案格式：表格形式，含改进措施（如延长开发周期至 40 天 / 门）、责任人（如项目经理）、时间节点（如 20××年 Q3）。
2. 验证方式：通过 A/B 测试对比新旧目标下的完课率。
3. 风险标注：如"延长周期可能导致错过暑期招生窗口，需市场部同步调整推广计划"。

注意事项

要点	内容
归因深度验证	AI 生成的归因结论需与员工访谈、流程复盘结果交叉验证。
动态调整机制	绩效问题可能随业务变化而变化，需定期（如季度）重新分析。
资源约束前置	设定目标时，需同步评估资源可行性，如服务器扩容预算。
人性化沟通	AI 分析结果需转化为管理者可解释的语言，如将"技能匹配度低"转化为"需开展直播课设计专项培训"。

4.6 用 AI 设计绩效评价方法

问题情景

1 我们公司去年推行绩效考核，今年员工离职率飙升了 20%，尤其是研发部。技术骨干离职面谈时抱怨"每天填表格的时间比写代码还多"，管理层又觉得"不考核就没法量化贡献"。这种问题怎么解？

2 这正是绩效评价的终极矛盾——量化与人性化的平衡。传统考核的致命伤是唯结果论。科学的评价方法需要回答"评什么"（指标合理性）、"怎么评"（数据可靠性）、"怎么用"（结果有效性）。

3 听起来很复杂，有没有具体案例？比如我们销售部现在用"销售额 + 回款率"双指标，但销售总监说"回款率受客户付款周期影响，根本不是多数销售人员能控制的"。

4 这是指标与岗位缺乏强关联性。比如，销售岗的回款率可以拆解为两部分：过程指标（比如合同条款审核通过率）和结果指标（比如回款率）。对销售新人，可降低结果指标，增加过程指标；对资深销售，则提高结果指标。

5 如果按岗位定制指标，会不会导致部门间横向对比困难？比如销售部和技术部绩效结果分布差异很大，怎么平衡？

6 合理的做法是：纵向对比为主，横向参考为辅。比如，销售部内部按职级、区域、客户类型分层，技术部按项目角色（比如架构师、开发、测试）分层，用历史达成率和同岗位均值作为基准线，避免硬性末位淘汰。

AI 提问框架

通用提问公式 = 业务场景定位 + 评价痛点澄清 + 方法设计需求

为 AI 提供评价方法设计的背景框架，避免"一刀切"方案。

业务场景定位

提问要素
- **团队类型**：如销售团队、技术研发团队、职能支持团队。
- **业务阶段**：如业务扩张期、成熟稳定期、转型调整期。
- **管理目标**：如提升效率、控制成本、激发创新。

明确当前绩效评价中存在的核心矛盾，确保方法设计精准解决问题。

评价痛点澄清

提问要素
- **指标矛盾**：如结果指标与过程指标冲突。
- **数据矛盾**：如主观评价与客观数据打架。
- **应用矛盾**：如考核结果与晋升/薪酬脱节。

明确 AI 如何输出，将管理需求转化为可落地的 AI 任务。

方法设计需求

提问要素
- **方法框架**：如"OKR+KPI 混合模型""360 度反馈 + 项目制考核"。
- **指标体系**：如核心指标、过程指标、风险指标的权重分配。
- **实施建议**：如考核周期、数据采集方式、结果应用场景。

准备资料

要点	内容
团队画像	岗位说明书、技能矩阵、职级分布等。
业务目标	公司年度战略、部门季度目标、项目里程碑等。
管理偏好	管理层对公平性、灵活性、可操作性的优先级排序等。
历史数据	过往考核指标达成率、员工反馈报告、离职面谈记录等。

实战案例

业务场景定位

我们是某跨境电商公司物流部，负责海外仓发货时效与成本控制。当前处于业务扩张期，需在 6 个月内将全球订单履约时效从 7 天压缩至 5 天，同时管理目标为"控制单票物流成本涨幅 ≤ 5%"。

评价痛点澄清

1. 指标矛盾：考核"发货时效"时，仓库经理抱怨"系统宕机导致的延误不应计入考核"。
2. 数据矛盾：财务部提供的单票成本与仓库实际耗材数据偏差超 10%。
3. 应用矛盾：考核结果仅用于年终奖发放，员工反馈"日常干得好与差区别不大"。

方法设计需求

请你协助我设计绩效评价方法，要求如下

1. 方法框架：采用 OKR+KPI 混合模型，OKR 聚焦战略目标（如履约时效压缩至 5 天），KPI 分解落地指标（如仓库分拣准确率 ≥ 99.5%）。
2. 指标体系：核心指标（如履约时效达成率、单票成本涨幅）；过程指标（如系统故障响应时间、耗材损耗率）；风险指标（如客户投诉率、超期订单占比）。
3. 实施建议。
   · 考核周期：月度考核（过程指标）+ 季度考核（核心指标）。
   · 数据采集：系统自动抓取（履约时效、成本数据）+ 人工抽检（分拣准确率）。
   · 结果应用：与晋升、调薪、培训资源挂钩，设置"达标奖"（如超额完成时效目标，奖励团队 1 个月薪资）。

注意事项

要点	内容
动态校准	每季度复盘指标合理性，如系统升级后需调整故障响应时间阈值。
透明沟通	评价方法需向全员公示，避免黑箱操作。
人性化缓冲	对不可抗力导致的绩效偏差需设置申诉通道。
文化适配	避免盲目照搬，结合团队文化，如创新型团队更适合鼓励试错的评价机制。

4.7 用 AI 生成绩效辅导话术

问题情景

1 我们公司刚做完半年度考核，技术部的小王绩效垫底，但他的代码质量其实不错，只是项目延期导致进度分低。我找他谈绩效时，他直接怼我："你们只看结果，根本不关心我们怎么干活！"这种绩效辅导怎么破局？

2 绩效辅导的核心是解决问题而非指责结果。如果直接说"你进度慢，要改进"，员工只会感到被否定；但如果说"我注意到这个项目延期了，我们能不能一起拆解下问题？"把评价转化为合作，员工才会愿意沟通。

3 可有些员工油盐不进，比如销售部的老李，连续两个季度业绩倒数，但总抱怨"客户太难搞""资源分配不公"。跟他谈改进，他直接说"要么给我调岗，要么别找我"。这种"刺头"怎么辅导？

4 让员工感觉"辅导是支持，而非审判"。可以先共情开场降低防御（我理解你……），再数据锚定聚焦事实（但你的 5 个客户……），最后资源置换赋予掌控感（如果为你提供谈判技巧培训……）。

5 但辅导后员工承诺改进，结果下个月还是老样子，该怎么避免这类无效谈话？

6 绩效辅导不是一次谈话，而是一套闭环流程"话术＋机制双管齐下"。话术上，避免模糊的"你要努力"，要明确"量化行动"（比如下周三前提交 3 个客户拜访计划）；机制上，需配套跟进节点（比如每周五同步进展）。

AI 提问框架

通用提问公式 = 辅导场景定位 + 员工特征分析 + 话术设计需求

辅导场景定位

明确绩效辅导的场景细节，为 AI 提供话术设计的边界。

提问要素
- **辅导阶段：** 如考核后复盘、项目中期纠偏、晋升面谈。
- **沟通形式：** 如一对一谈话、书面反馈、团队会议。
- **目标导向：** 如提升绩效、改善行为、建立信任。

员工特征分析

梳理被辅导员工特质，帮助 AI 定制因人而异的话术。

提问要素
- **岗位类型：** 如技术岗、销售岗、职能岗。
- **性格标签：** 如高敏感型、高防御型、低意愿型。
- **历史表现：** 如过往绩效评分、关键事件反馈、改进意愿记录。

话术设计需求

将抽象需求转化为可落地的 AI 任务。

提问要素
- **内容结构：** 如开场共情→事实锚定→目标共识→行动计划。
- **语言风格：** 如温和引导型、权威指导型、激励赋能型。
- **配套建议：** 如需准备的案例、需规避的雷区、需跟进的节点。

准备资料

要点	内容
员工画像	岗位说明书、过往绩效评分等。
行为数据	项目延期记录、客户投诉日志、跨部门协作冲突案例等。
管理偏好	公司对批评与表扬的接受度、文化价值观（如结果导向或过程导向）等。
资源支持	可调用的培训资源、可调配的激励措施（如额外预算、晋升优先权）。

实战案例

我们是某在线教育公司教研部，当前处于"业务转型期"，需在"3 个月内将课程完课率从 60% 提升至 75%"。本次辅导针对"考核后复盘"场景，沟通形式为"一对一谈话"，目标为"推动低绩效员工改进行为"。

1. 被辅导员工：小张（课程设计师，入职 1 年）。
2. 岗位类型：技术岗（需与市场部、销售部协作）。
3. 性格标签：高敏感型（易因批评陷入自我怀疑）。
4. 绩效评分：连续两个季度"待改进"（完课率低于部门均值 15%）。
5. 关键事件：因课程节奏拖沓被客户投诉 2 次。
6. 改进意愿：曾主动学习竞品课程，但未应用至实际工作。

请你协助我设计绩效辅导话术，要求如下
1. 内容结构：开场共情→事实锚定→目标共识→行动计划。
2. 语言风格：温和引导型（避免使用"必须""应该"等指令性词汇）。
3. 配套建议。
· 需准备的案例：竞品高完课率课程的前 3 分钟设计。
· 需规避的雷区：避免提及"客户投诉"（可能引发防御）。
· 需跟进的节点：每周五同步课程优化进度。

注意事项

要点	内容
文化适配	话术需符合公司文化，如人性化团队需增加共情比例。
情绪预判	对高敏感型员工，需提前准备安抚话术，如"你的努力我们都看在眼里"。
话术迭代	同一员工在不同阶段需调整话术，如首次辅导侧重共情，多次辅导后侧重目标推动。
备用方案	对"油盐不进型"员工，需设计二阶话术，如"若本周无改进，我们可能需要调整你的项目分配"。

4.8 用 AI 找到绩效改进方案

问题情景

1 最近绩效考核结果出来后，发现超过 30% 的员工在"跨部门协作"和"目标达成率"两项评分明显偏低，但具体原因不清晰。这种情况下，如何针对性改进？

2 绩效改进的核心在于精准定位问题根源。比如，跨部门协作评分低可能与流程设计、沟通机制甚至目标对齐度有关，需要通过多维数据分析拆解短板，而非仅依赖表面反馈。

3 我们过去尝试过培训，效果并不持久，员工抵触情绪反而增加。

4 这是因为单一手段无法解决系统性问题。绩效改进方案需要结合组织战略、岗位特性及员工能力模型，比如通过流程优化减少协作摩擦，或设计激励制度强化目标导向行为。

5 领导层希望短期内看到改善，但资源有限，如何平衡优先级？

6 可聚焦"高影响低投入"领域。比如，若分析发现某部门因信息同步滞后导致效率损失，可先优化会议机制或上线共享工具，快速验证效果后再规模化复制。

AI 提问框架

通用提问公式 = 情境锚定 + 问题拆解 + 输出要求

明确绩效问题的发生场景，确保方案与业务实际强关联。

提问要素
- 业务目标：如全年人均效能提升 15%。
- 团队画像：如部门 / 岗位类型、人员规模、能力基线。
- 历史基线：如过往绩效数据、已尝试的改进措施及效果。

将模糊的绩效问题转化为可分析的具体维度，帮助 AI 定位问题层级（个体 / 团队 / 系统），区分表象与根因。

提问要素
- 关键矛盾：如销售团队客户转化率低于行业均值 20%。
- 影响因素：如流程、技能、工具、激励。
- 数据佐证：如调研报告、考核结果、客户反馈。

明确 AI 需提供的解决方案类型及落地标准，将抽象需求转化为 AI 可执行的任务。

提问要素
- 分析框架：如根因分析、标杆对比、成本收益模型。
- 交付形式：如策略清单、优先级排序、实施步骤。
- 限制条件：如预算、周期、文化适配性。

准备资料

要点	内容
绩效数据	近 2 年考核结果、关键指标（如离职率、项目完成率）趋势等。
员工画像	岗位说明书、能力评估报告、360 度反馈报告等。
业务背景	公司战略目标、部门年度 OKR、市场竞争动态等。
历史干预记录	过往改进措施（如培训、调岗）及其效果评估等。
资源清单	可用预算、可协调的内外部专家、工具权限（如 AI 平台账号）等

实战案例

我是一家互联网公司的 HRBP，支持一支 50 人的产品研发团队。团队核心目标是"未来半年内将需求交付周期从 6 周缩短至 4 周"。当前业务数据：20×× 年 Q3 需求延期率 35%，代码返工率 22%。员工调研显示"需求变更频繁"和"技术债堆积"是主要抱怨点。公司可用资源包括：10 万元改进预算、内部低代码平台权限、外部敏捷教练合作渠道。

绩效差距体现在以下三点
1. 流程缺陷：产品需求文档平均修改次数达 5 次，导致开发周期延长 40%。
2. 技能短板：自动化测试覆盖率仅 30%，手动测试占用人效。
3. 激励偏差：当前考核侧重需求完成量，而非交付质量或技术债清理。

请你协助我
1. 基于根因分析模型，定位影响交付效率前三个因素。
2. 参考行业标杆案例，设计 3 种改进方案，并标注每种方案的预期效果（如周期缩短比例）、资源需求（预算 / 人力）及实施难度。
3. 制定一份 2 个月的试点计划，包含关键里程碑（如流程重构、工具培训）和效果验证指标。

注意事项

要点	内容
数据真实性	AI 依赖输入数据质量，需提前核对考核数据的统计口径。
方案适配性	AI 可能忽略组织文化因素，需人工评估可行性。
风险预判	要求 AI 标注方案潜在风险，并设计应对预案。
隐私保护	员工个人信息（如调研中的负面反馈）须匿名化处理后再输入 AI。

4.9 用 AI 设计绩效结果应用

问题情景

1 最近公司绩效考核结果出来后，发现员工普遍反映"考核结果没有实际作用"这种情况该怎么改善？

2 这说明绩效结果与应用场景脱节了。绩效管理的核心价值在于建立"考核－反馈－改进－激励"的闭环，如果结果仅停留在评分层面，既无法驱动员工成长，也无法支撑战略目标分解。

3 我们尝试过将绩效与奖金挂钩，但部门间评分标准差异大，强行统一反而激化矛盾。

4 这是典型的"单一应用"陷阱。绩效结果可以应用在薪酬分配、职业发展、培训规划、组织诊断中。比如研发团队可将高潜人才绩效设计在技术晋升通道上，关键要看应用策略是否匹配业务特性。

5 有个棘手问题：某技术骨干连续三年绩效 A，但管理能力不足，而现在团队扩张需要他带新人，这种情况该怎么处理？

6 他需要定制发展计划而非简单晋升。可以设计双通道机制，保留其技术职级待遇，同时安排管理能力和协作能力培训，这样既保留核心战力，又避免管理风险。

AI 提问框架

通用提问公式 = 组织画像 + 绩效困境 + 应用需求

组织画像

描述企业基本特征、绩效管理体系现状，帮助 AI 建立企业数字孪生模型，避免通用化建议。

提问要素
- 企业规模：如 200 人科技公司。
- 绩效周期：如季度考核 + 年度总评。
- 现行应用方式：如奖金占比 30%。
- 战略重点：如次年要实现市场份额增长 15%。

绩效困境

明确绩效结果应用失效的具体表现及影响，聚焦 AI 分析方向。

提问要素
- 量化矛盾点：如 70% 员工认为考核与晋升无关。
- 典型冲突案例：如销售冠军因管理能力不足晋升失败，导致离职。
- 系统性问题：如研发序列考核指标与项目交付质量脱钩。

应用需求

需要 AI 输出的具体解决方案类型，将管理诉求转化为 AI 可处理的任务。

提问要素
- 应用场景：如薪酬重构 / 人才盘点 / 培训规划。
- 约束条件：如保留现有职级体系框架。
- 预期效果：如提升高绩效员工保留率 20%。

准备资料

要点	内容
绩效数据	历史评估结果，含分数分布、评价维度等。
激励政策	现有薪酬、晋升、培训制度文本等。
员工反馈	离职面谈记录、满意度调研中关于绩效的抱怨等。
业务目标	未来 1 年人才结构需求，如需培养 20% 技术骨干。
行业基准	同行业绩效结果应用案例，如某企业如何用绩效淘汰 10% 末位员工。

实战案例

组织画像

我们是某跨境电商平台的华南运营中心，现有员工 150 人，采用"季度 OKR 考核 + 年度 360 度反馈"考核模式。当前绩效结果主要用于年度奖金分配（占 30% 权重），但出现两个矛盾：技术团队抱怨晋升只看管理经验，客服团队高绩效员工离职率超 40%。公司明年战略重心是东南亚市场拓展，要求运营效率提升 25%。

绩效困境

1. 激励失效：物流团队连续 3 季度达标率位于前三名，但奖金池被平均分配，导致 3 名核心调度员被竞品挖角。
2. 发展断层：数据分析岗 5 名员工绩效持续被评为 A 级，但因无管理岗位空缺，已有 2 人提出转其他岗位的申请。
3. 战略脱节：客户满意度得分未纳入绩效体系，导致新市场调研响应速度低于行业均值 30%。

应用需求

请你协助我
1. 设计分层应用方案，将绩效结果与即时激励、职级评审、轮岗机会三要素挂钩。
2. 针对技术序列设计非管理晋升通道，需包含能力指标权重建议（如技术贡献 / 知识传承 / 创新实践）。
3. 构建战略关联模型，确保至少 60% 的绩效指标能直接支撑东南亚市场开拓目标。

注意事项

要点	内容
数据校准	AI 生成的方案需对照企业历史数据验证合理性，如离职率预测与实际情况偏差超过 15% 需人工修正。
动态权重	绩效应用规则需预设调整机制，建议每季度根据业务变化重新计算指标权重。
合规边界	AI 建议的方案须符合相关法律法规中关于薪酬调整的规定。
文化适配	评估方案要与组织文化有兼容性。
风险预判	对 AI 提出的创新方案（如游戏化积分体系）需进行员工接受度沙盘推演。

第 **5** 章

AI+薪酬福利管理

薪酬福利管理是企业吸引、激励与保留人才的重要手段。AI 大大加速了薪酬福利管理效能，从快速准确地计算工资，到深入进行薪酬调研分析；从设计科学合理的薪酬体系，到细化岗位薪酬标准；从优化薪酬结构，到设计富有吸引力的员工福利与激励方式；从精准查找薪酬问题，到设计高效的奖金方案，AI 在薪酬福利管理的每个环节都能发挥重要作用，确保薪酬福利政策既符合市场趋势，又能有效激发员工积极性。

5.1 用 AI 快速准确计算工资

问题情景

1 我们公司最近业务扩张，员工人数翻了一倍，但每次发工资都要反复核对考勤、绩效、社保，还得手动计算个税，不仅耗时，还总被员工质疑数据出错，搞得团队怨声载道。

2 工资核算的准确性直接关系到员工信任和合规风险。比如，如果社保基数或个税计算错误，可能引发劳动纠纷；而延迟发薪更会直接影响员工积极性，甚至导致人才流失。

3 确实，上个月就因为一个新员工的试用期工资设置错误，导致他离职后还来讨说法，我们花了大量精力补救。但即便如此，我们依然难以保证所有人的工资条零误差。

4 快速准确算工资能平衡效率与合规。快速发薪能提升员工满意度，而准确核算能规避法律风险。更重要的是，它能让 HR 从重复性工作中解放出来，聚焦战略任务（比如薪酬体系优化、人才激励）。

5 那如果工资计算能自动化，是不是还能避免一些人为的主观误差？比如主管对绩效打分的偏差？

6 没错！自动化工具能基于预设规则（比如 KPI 权重、考勤扣款标准）生成统一结果，减少人为干预。但前提是规则本身必须有效、清晰且经员工认可，否则工具再智能也无法替代公平性的沟通。

AI 提问框架

通用提问公式 = 业务背景 + 核算痛点 + 需求目标

描述企业业务背景，帮助 AI 理解核算场景，避免 AI 因缺乏上下文生成通用答案。

业务背景

提问要素
- **企业类型**：如制造业、互联网、零售。
- **员工数量与构成**：如全职、兼职、外包。
- **薪酬结构**：如为基本工资 + 绩效奖金 + 补贴 + 提成。
- **特殊规则**：如试用期工资比例、加班费计算方式。

明确当前工资核算中的具体问题，聚焦 AI 的优化方向。

核算痛点

提问要素
- **耗时环节**：如考勤数据整理、个税计算、跨部门数据核对。
- **错误类型**：如社保基数错误、绩效奖金漏发。
- **员工反馈**：如对工资条透明度的质疑。

说明希望 AI 提供何种解决方案，将模糊需求转化为可落地的任务。

需求目标

提问要素
- **工具需求**：如推荐支持复杂规则的 Excel 公式、薪酬管理系统。
- **流程优化**：如设计"考勤 - 绩效 - 工资"数据流转图。
- **风险规避**：如列出个税申报的常见错误及规避方法。

准备资料

要点	内容
员工基础数据	姓名、岗位、职级、薪资结构、考勤记录等。
薪酬规则	加班费计算标准、试用期工资比例、社保公积金基数与比例、个税扣除规则等。
历史工资数据	过去 3~6 个月的工资表（含各项明细），用于验证 AI 生成结果的准确性。
特殊需求	涉及提成、年终奖、股权激励等复杂规则的详细说明。
合规要求	当地最低工资标准、社保公积金缴纳基数上下限、个税起征点及专项附加扣除政策等。

实战案例

我是一家连锁餐饮企业的 HR 经理，公司有 500 名员工（300 名全职、200 名兼职），薪酬结构为基本工资 + 绩效奖金 + 加班费 + 餐补。全职员工按职级分档（如店长 8000 元 / 月、服务员 4000 元 / 月），绩效奖金与门店营收挂钩；兼职员工按小时计薪（20 元 / 小时），加班费按 1.5 倍计算。

1. 效率低：每月需手动汇总考勤数据（纸质签到表需人工录入）、核对绩效数据（店长提交的 Excel 表格式不统一），耗时约 5 天。
2. 易出错：社保公积金基数调整时，常因漏改部分员工导致多扣 / 少扣。
3. 规则复杂：兼职员工加班费需区分工作日、周末、节假日，且需与全职员工同步计算个税，流程极易混淆。

请你协助我

1. 推荐适合餐饮行业的薪酬核算工具（如支持复杂绩效规则、自动校验社保基数）。
2. 设计"考勤 - 绩效 - 工资"数据自动关联模板（如通过 VLOOKUP 函数关联不同 Excel 表）。
3. 列出个税申报的 5 个常见错误及规避方法（如专项附加扣除漏填、年终奖计税方式选择）。

注意事项

要点	内容
数据安全	员工工资信息属敏感数据，员工姓名可用工号代替，不要上传。
规则校验	AI 生成的薪酬规则需确认合规性。
员工沟通	提前向员工说明工资核算规则（如绩效奖金计算方式）。
动态调整	薪酬政策可能随业务变化调整，需定期更新 AI 工具中的参数设置。
人工复核	对关键数据（如高管薪酬、特殊补贴）进行人工复核。

5.2 用 AI 做薪酬调研分析

问题情景

1 最近公司人才流失率突然上升，尤其是核心部门的骨干员工频繁跳槽。我们给的薪资已经是内部最高档了，为什么还是留不住人？

2 这可能是因为薪酬体系与市场脱节了。内部公平性只是基础，如果薪酬水平低于行业标准，员工会认为付出与回报不成正比，尤其是核心岗位员工容易被竞争对手针对性地"挖墙脚"。

3 但市场数据收集成本太高，我们只能依赖招聘网站上的零星信息，既不全面也不精准。这种情况下怎么判断薪酬竞争力？

4 这正是薪酬调研分析的价值所在。通过系统化的数据采集和对比，可以明确企业薪酬在行业中的分位值（如 50 分位值、75 分位值），识别关键岗位的薪资溢价空间，避免闭门造车导致的决策偏差。

5 但调整薪酬意味着成本上升，高层对预算很敏感，如何说服他们？

6 调研数据能直观展示风险与收益。比如，若某岗位市场薪资涨幅远超企业现有水平，离职造成的招聘成本、业务停滞损失可能远高于调研成本。用数据论证投入产出比，才能推动决策落地。

AI 提问框架

通用提问公式 = 业务背景 + 调研痛点 + 分析需求

描述企业业务背景，帮助 AI 理解薪酬调研的必要性。

业务背景

提问要素
- **企业类型**：如制造业、金融、互联网。
- **岗位范围**：如研发、销售、职能岗。
- **调研目的**：如新员工定薪、年度调薪、薪酬体系优化。
- **现有数据**：如已掌握的内部薪资数据、历史调研结果。

明确当前薪酬调研中的具体问题，聚焦 AI 的优化方向。

调研痛点

提问要素
- **数据来源问题**：如无第三方报告、样本量不足。
- **分析能力局限**：如不会计算薪酬带宽、福利折算。
- **决策落地障碍**：如老板质疑调研结论、部门反对调薪。

说明希望 AI 提供的解决方案，将模糊需求转化为可落地的任务。

分析需求

提问要素
- **数据收集建议**：如推荐免费薪酬报告平台、设计调研问卷模板。
- **分析方法**：如分位数计算、岗位价值评估。
- **报告框架**：如生成包含薪资对比、建议方案的 PPT 大纲。

准备资料

要点	内容
内部薪酬数据	各岗位的薪资结构、福利明细、历史调薪记录等。
岗位说明书	目标岗位的职责、任职要求、绩效评估标准等。
市场数据线索	行业薪酬报告摘要、竞争对手招聘信息中的薪酬范围等。
企业战略目标	未来 1~3 年的人才规划（如扩张、转型）、薪酬预算上限等。
员工反馈信息	离职访谈记录、薪酬满意度调研结果等。

实战案例

业务背景　我是一家初创电商企业的 HR 负责人，公司有 200 人，其中研发岗 80 人（分 P5~P7 三个职级）、销售岗 60 人、职能岗 60 人。目前处于业务扩张期，计划明年招聘 50 名研发人员，但现有薪资水平低于市场平均值，导致招聘周期长达 3 个月。

调研痛点
1. 数据缺失：未购买第三方薪酬报告，仅通过招聘网站获取部分薪资数据，但岗位匹配度低（如 Java 工程师的岗位 JD 差异大）。
2. 分析能力不足：不会计算薪酬带宽（如 P5~P7 的薪资跨度），无法判断现有薪资是否合理。
3. 决策落地难：老板认为"初创公司需控制成本"，反对大幅调薪，但研发负责人抱怨"薪资低导致骨干流失"。

分析需求

请你协助我
1. 推荐免费或低成本的薪酬数据来源（如行业论坛、政府公开报告）。
2. 提供薪酬带宽计算模板（含公式与示例），并说明如何根据职级设定带宽（如 P5 中位数 ±10%）。
3. 设计一份薪酬对比报告框架，包含以下内容。
· 同城同规模企业研发岗薪资中位值、75 分位值。
· 我公司薪资与市场值的差距（按职级分列）。
· 调薪建议（如 P7 薪资提高 15% 可缩短招聘周期至 1 个月）及成本测算。

注意事项

要点	内容
数据时效性	薪酬数据需标注时间，避免使用过期数据误导决策。
岗位匹配度	AI 生成的薪资对比需结合岗位描述。
本地化调整	城市间薪资水平可能存在较大差异，需根据企业所在地修正 AI 建议。
隐性福利折算	若公司提供免费三餐、培训预算等福利，需折算为现金价值纳入对比。
沟通策略	向管理层汇报时，避免单纯强调市场薪资，需结合业务目标。

5.3 用 AI 设计薪酬体系

问题情景

① 公司今年业务扩张后，员工抱怨薪资不公平的问题越来越严重。新员工薪资倒挂老员工，技术岗和职能岗的薪资差距也不透明，团队士气受到很大影响。

② 这说明现有薪酬体系有问题。薪酬体系的作用不仅是发工资，更是通过结构化的设计平衡内部公平、外部竞争力和战略导向，让员工清晰看到回报与贡献的关系。

③ 但市场变化太快，我们很难实时对标行业水平，每次调薪都是"拍脑袋"，结果总是按下葫芦浮起瓢。

④ 一套完整的体系至少要包含岗位价值评估、市场薪酬对标、绩效联动机制三部分。比如，通过岗位评估明确职级差异，再结合市场数据校准薪资范围，最后用绩效奖金调节个体差异，才能系统性解决问题。

⑤ 领导层总担心薪酬成本失控，如果把薪酬体系设计得太复杂，执行起来会不会更难？

⑥ 好的薪酬体系恰恰能控制成本。比如，通过划分薪资带宽，既能给员工明确的晋升空间，又能避免无限制涨薪。同时，将浮动薪酬与业绩强绑定，企业可以在不增加固定成本的前提下激励高绩效者。

AI 提问框架

通用提问公式 = 企业现状概述 + 薪酬设计痛点 + 功能需求定义

具体描述企业现状，为 AI 提供分析基准。

提问要素
- **行业属性**：如制造业、互联网、金融。
- **企业规模**：如员工人数、业务覆盖区域。
- **现有薪酬结构**：如基本工资、绩效奖金、福利占比。
- **战略目标**：如未来 3 年拓展海外市场、提升研发团队占比。

明确当前薪酬体系中的具体问题，需量化或场景化描述，将模糊问题转化为可分析的指标。

提问要素
- **矛盾现象**：如新员工薪资高于老员工 15%，但离职率同比上升 20%。
- **管理难点**：如缺乏职级标准导致晋升混乱。
- **失败尝试**：如去年尝试宽带薪酬但员工不理解。

明确需要 AI 完成的薪酬体系设计任务及交付成果。

提问要素
- **设计目标**：如建立职级体系、设定薪资带宽。
- **数据需求**：如参考本地同行业 50 分位值薪酬数据，分析绩效与薪资的关联性。
- **输出要求**：如提供 3 套薪酬结构对比方案。

准备资料

要点	内容
岗位信息	岗位说明书、职级划分标准、现有薪资数据（分岗位 / 职级 / 地区）等。
市场对标数据	行业薪酬报告、竞对招聘信息中的薪资范围等。
企业战略文件	未来 3 年业务规划、人才需求预测、薪酬预算上限等。
员工反馈	薪酬满意度调研结果、离职访谈中与薪资相关的关键词等。
历史问题记录	过往调薪争议案例、薪酬改革失败原因总结。

实战案例

企业现状概述

我是一家快速扩张的新能源汽车零部件企业的 HR 负责人，公司员工约 800 人，总部位于深圳，在武汉、合肥设有工厂。当前薪酬结构为"基本工资（70%）+ 年终奖（30%）"，所有岗位按管理层级粗略划分为 5 个等级。业务扩张后，工程师团队抱怨薪资低于行业水平，而生产岗因加班费计算混乱导致离职率高达 25%。公司计划明年 IPO（首次公开募股），需建立符合上市规范的薪酬体系。

薪酬设计痛点

1. 内部公平性缺失：同一职级的研发工程师薪资差异达 40%，生产岗员工因加班费规则不透明频繁投诉。
2. 外部竞争力不足：竞对招聘信息显示，高级工程师年薪比我们高 18%~25%。
3. 战略脱节：未来需增加国际化人才占比，但现有体系无海外薪资适配方案。

请你协助我

1. 基于岗位价值评估模型，为研发、生产、销售三类岗位设计职级体系。
2. 参考长三角地区新能源汽车行业薪酬报告（50~75 分位值），设定各职级薪资带宽。
3. 设计绩效奖金与战略目标的联动方案（如"海外市场开拓奖金占年薪 20%"）。
4. 预测薪酬改革后的人力成本变化，并提供分阶段落地建议（如"优先调整核心岗位"）。

功能需求定义

注意事项

要点	内容
数据脱敏处理	输入 AI 的薪资数据须隐藏员工个人信息，以职级 / 工龄等维度聚合。
动态调整机制	AI 生成的薪资带宽需预留年度调薪空间（如 5%~8%）。
文化适配性	AI 可能忽略员工认知度（如复杂的薪酬体系需配套培训）。
成本平衡原则	AI 建议的薪资方案需对比市场竞争力与企业支付能力。
合规风险核查	AI 生成的奖金方案须符合相关法律法规定。

5.4 用 AI 设计岗位薪酬

问题情景

1 我们公司最近想给算法工程师调薪，但老板担心破坏内部平衡，员工又抱怨涨幅跟不上市场，这事怎么平衡？

2 要精准定位，既要让关键人才觉得"被看见"，又要让其他岗位觉得"有依据"。如果完全由老板"拍脑袋"定薪，要么留不住核心人才，要么引发团队攀比；如果完全由员工诉求驱动，又会陷入"按闹分配"的恶性循环。

3 不同岗位的职责差异太大，比如前端工程师和后端工程师，工作内容完全不同，怎么统一评估标准？

4 要建立职级体系和岗位价值评估模型。比如，从"影响、沟通、创新、知识"四个维度量化岗位价值，再结合市场数据校准薪资范围，差异化的岗位也能实现横向公平。

5 如果评估后发现某些岗位确实低于市场水平，但公司预算有限怎么办？

6 薪酬设计不要一刀切，要分层施策。比如，对关键人才采用"市场 75 分位值 + 股票期权"，对通用岗位采用"市场 50 分位值 + 项目奖金"，既控制总成本，又聚焦资源保核心。这才是用体系思维解决资源约束的方式。

AI 提问框架

通用提问公式 = 岗位背景 + 薪酬痛点 + 设计需求

岗位背景

描述目标岗位的具体背景，为薪酬设计提供基础信息。

提问要素
- **岗位职责**：如负责全渠道用户增长，需跨部门协作。
- **岗位层级**：如中级工程师或区域销售总监。
- **行业特性**：如互联网行业，人才竞争激烈。
- **公司规模与阶段**：如 500 人规模，处于快速扩张期。

薪酬痛点

明确当前薪酬体系存在的问题或目标，聚焦 AI 的分析方向。

提问要素
- **具体问题**：如同岗不同酬、新员工离职率高。
- **量化数据**：如市场薪资中位数为 1.5 万元，公司平均薪资 1.2 万元。
- **关联影响**：如薪酬问题导致招聘周期延长 30%。

设计需求

明确 AI 需要提供的薪酬设计内容或工具，将需求转化为 AI 可执行落地的任务。

提问要素
- **设计内容**：如岗位价值评估模型、薪酬带宽表。
- **参考标准**：如需对标行业 Top20 公司薪酬水平。
- **输出形式**：如生成可编辑的 Excel 模板或分步骤实施建议。

准备资料

要点	内容
岗位基础信息	岗位说明书、组织架构图、现有薪酬结构等。
市场数据	行业薪酬报告（如美世、科锐）、竞品招聘信息中的薪资范围等。
内部数据	员工薪酬满意度调研结果、近一年调薪记录、岗位晋升标准等。
公司战略	未来 3 年业务目标、人才吸引 / 保留优先级等。

实战案例

 岗位背景

我公司是一家初创跨境电商企业，目前规模 200 人，处于快速扩张期。现需设计"高级数据分析师"岗位的薪酬体系。该岗位负责用户行为分析、广告投放 ROI 优化，需具备 SQL、Python 及 Tableau 技能，需与市场、运营部门协作，目前行业人才竞争激烈。

 薪酬痛点

1. 内部公平性不足：现有数据分析师因入职时间不同，薪资差异达 30%，但工作产出相近。
2. 外部竞争力弱：行业平均月薪为 20000~25000 元，公司当前月薪为 18000 元，导致核心员工流失率达 20%。
3. 薪酬结构单一：固定薪资占比 90%，无绩效奖金，员工积极性不足。

设计需求

请你协助我
1. 根据岗位价值评估模型（从技能要求、决策影响、协作范围三个维度打分），生成该岗位的薪酬带宽表（分位值建议：P25/P50/P75）。
2. 设计浮动薪酬方案（如绩效奖金占薪资总额的 20%，考核指标为"广告 ROI 提升率"和"用户留存率"）。
3. 提供 3 套差异化薪酬策略（如"高固定薪资 + 低奖金" vs "低固定薪资 + 高奖金"），并分析适用场景。
4. 生成可编辑的薪酬结构模板（Excel 格式），包含岗位等级、薪资范围、绩效奖金计算公式。

注意事项

要点	内容
数据时效性	市场薪酬数据需选择近 6 个月内的报告，避免因数据过时导致设计偏差。
合规性检查	需确认 AI 生成的薪酬方案符合当地最低工资标准、社保公积金缴纳基数等法规要求。
员工沟通策略	薪酬调整方案需配套沟通话术（如解释"为何某岗位薪资高于市场水平"）。
动态调整机制	建议每半年复盘一次岗位薪酬水平，结合业务变化（如新业务线开设）或市场波动（如行业人才紧缺）调整薪酬带宽或结构。

5.5　用 AI 设计薪酬结构

问题情景

1
最近我们在设计销售团队薪酬结构时遇到了大麻烦。高绩效员工抱怨基本工资太低，但公司又担心基本工资过高会增加成本，怎么平衡？

2
这个问题本质是短期激励与长期价值的矛盾。销售岗需要即时反馈，但企业更关注客户留存和复购。你们是否分析过不同职级员工的贡献周期？

3
确实没细分过。初级销售靠成交量，资深销售更依赖大客户续约，但薪酬包都是"底薪 + 提成"的结构。

4
这就是痛点。AI 能通过岗位价值评估模型，把基本工资与岗位稀缺性挂钩，短期激励绑定目标达成率，长期激励关联客户生命周期价值。比如拆解岗位贡献要素，自动生成差异化比例。

5
那如果遇到行业薪酬数据不透明怎么办？我们手动对标竞品总是滞后。

6
AI 的突破性正在于此。它能通过语义分析抓取招聘平台薪资披露、行业白皮书，甚至结合企业财务健康度，动态校准你们的薪酬竞争力指数，把"拍脑袋决策"转化为数据驱动的精密设计。

AI 提问框架

通用提问公式 = 岗位画像 + 战略目标 + 约束条件 + 设计需求

岗位画像 → 描述目标岗位的具体画像，为 AI 提供设计基准。

提问要素
· 岗位层级：如初级工程师 / 技术专家。
· 核心产出：如"月度新客户开发量"或"代码交付质量"。
· 替代成本：如稀缺性评分：1~5 分。

战略目标 → 企业当前阶段对薪酬结构的战略诉求，将薪酬设计与之对齐。

提问要素
· 业务导向：如三年内成为区域市场 Top3。
· 激励重点：如优先扩大市场份额或提升利润率。
· 风险偏好：如允许 20% 浮动成本超支。

约束条件 → 企业可接受的薪酬成本边界，防止 AI 输出理想化但不可行的方案。

提问要素
· 预算上限：如总包不超过营收 15%。
· 合规要求：如五险一金缴纳基数合规。
· 历史包袱：如老员工薪酬倒挂解决方案。

设计需求 → 期望 AI 输出的具体成果，将抽象需求转化为 AI 可执行的任务。

提问要素
· 结构拆分：如基本工资：短期激励：长期激励 =5 ∶ 3 ∶ 2。
· 测算逻辑：如需体现团队奖金的个人贡献系数。
· 落地支持：如生成配套绩效考核表。

准备资料

要点	内容
岗位价值评估表	包含每个岗位的知识技能、问题解决难度、责任范围等维度。
市场薪酬数据	至少 3 家同行业对标企业的岗位薪资中位数及结构分布。
历史薪酬数据	过去 3 年员工离职率与薪酬满意度的相关性分析。
财务健康报告	人力成本占营收比例、毛利率等关键财务指标等。
员工偏好调研	不同职级员工对现金 vs 股权、个人激励 vs 团队激励的倾向性数据等。

实战案例

我公司是处于快速扩张期的 SaaS（软件即服务）企业，现需设计华东区大客户经理（共 3 个职级：初级 / 高级 / 资深）的薪酬结构。该岗位核心职责为与年单额 10 万元以上客户签约及续约，需具备行业解决方案定制能力，当前市场稀缺性评分为 4 分（5 分制）。

公司未来 18 个月战略目标为"提升大客户续约率至 85% 以上，同时新客户签约量增长 40%"。薪酬结构需优先激励"老客户价值深挖"，其次支持"新客户开发"。

总薪酬包预算上限为年单额的 18%，需符合同工同酬合规要求，且避免资深员工与初级员工基本工资倒挂（差距不低于 30%）。

请你协助我
1. 生成"基本工资：绩效工资：长期激励"的比例，需体现职级差异。
2. 设计绩效工资的考核指标权重（如续约率占 40%、新客户签约占 30%、回款周期占 30%）。
3. 提供 3 种长期激励方案（如虚拟股权、利润分成、超额利润奖），并测算不同方案对人力成本的影响。
4. 输出配套的《薪酬沟通话术模板》，帮助管理者向员工解释结构调整逻辑。

注意事项

要点	内容
动态校准	AI 生成的薪酬比例需结合企业实际支付能力二次验证。
合规审查	长期激励部分需法务审核股权授予协议、税务处理等条款。
文化适配	高科技企业可加大长期激励比重，传统制造业需侧重短期现金激励。
沟通预案	AI 方案可能忽略"老员工历史贡献"等情感因素，需准备过渡政策。
迭代机制	每季度重新测算市场数据变化对薪酬竞争力的影响，避免结构僵化。

5.6 用 AI 设计员工福利

问题情景

1 最近公司离职率突然上升，尤其是核心岗位人才流失严重。我们尝试过加薪，但效果有限，您觉得问题出在哪？

2 加薪只是短期手段，员工离职的核心矛盾往往在于需求未被满足。比如，年轻员工更关注成长机会，资深员工可能更看重家庭平衡。而员工福利是连接企业战略与员工需求的桥梁，它能通过差异化设计解决激励失效问题。

3 确实，我们曾统一发放健身卡，但很多员工抱怨"用不上"。福利设计难道要为每个人定制吗？

4 完全定制成本高，分层设计能实现相对精准覆盖。比如，为新员工提供租房补贴，为育儿家庭提供弹性工作时间，为技术骨干设计学习基金。这种差异化福利既能控制成本，又能让员工感受到"被看见"，从而提升归属感。

5 公司每年为福利耗费大量成本，看起来员工离职率并没有明显降低。福利投入后，如何衡量它的实际效果呢？

6 福利是通过隐性价值反哺企业的。比如，培训基金能提升员工技能，灵活办公政策能吸引高潜力候选人。这些价值最终会转化为组织效能的提升，而不仅是"留人"这么简单。

AI 提问框架

通用提问公式 = 场景定位 + 需求分析 + 输出要求

场景定位

描述企业现状、员工画像及福利设计目标，帮助 AI 理解问题背景。

提问要素
- 企业规模：如 500 人互联网公司。
- 员工画像：如 "90 后"占比 60%，技术岗为主。
- 福利设计目标：如提升应届生留存率、降低研发人员流失。

需求分析

明确当前福利痛点及期望解决的问题，需聚焦可量化的矛盾点。帮助 AI 识别优先级，比如优先解决 "福利感知度低"而非盲目追赶竞品公司。

提问要素
- 现有问题：如福利覆盖率低，仅 30% 员工使用年假。
- 员工反馈：如调研显示 70% 员工希望增加健康福利。
- 竞争压力：如竞品公司提供免费托育服务。

输出要求

明确 AI 需要提供的成果形式及内容深度，将模糊需求转化为 AI 可执行的任务，比如将 "优化福利"转化为 "设计 3 套覆盖不同职级的福利组合，并说明差异化理由"。

提问要素
- 方案类型：如福利菜单设计、预算分配表。
- 交付形式：如分岗位福利清单、供应商推荐。
- 评估指标：如成本控制在年度预算 10% 以内。

准备资料

要点	内容
员工基础数据	年龄分布、司龄结构、岗位类型（如技术 / 销售 / 客服）等。
现有福利清单	包括法定福利（五险一金）及补充福利（补贴、假期、活动）。
员工需求调研	近 1 年内的满意度调研结果、离职面谈记录中的福利相关反馈等。
预算与政策	年度福利预算总额、税务合规要求（如个税抵扣政策）等。
竞品对标信息	同行业企业提供的特色福利（如宠物保险、心理咨询）。

实战案例

场景定位

我公司是一家 200 人规模的跨境电商企业，员工平均年龄 28 岁，其中技术岗占比 40%，客服岗占比 30%。公司战略目标为"提升应届生留存率至 80% 以上，同时降低客服岗流失率"。

需求分析

1. 现有问题。
· 应届生 1 年内离职率达 50%，主要反馈缺乏成长机会。
· 客服岗离职率月均 8%，集中抱怨工作压力大，无心理疏导渠道。
· 福利以法定项目为主，仅 10% 员工使用过年度体检。
2. 员工反馈。
· 应届生调研显示，60% 希望获得行业大咖培训或轮岗机会。
· 客服岗员工提议增设心理咨询服务或弹性排班。
3. 竞争压力：竞品公司为客服岗提供免费健身卡及季度团队旅游，流失率低于我司 3%。

输出要求

请你协助我
1. 设计 2 套福利方案。
· 方案 A：针对应届生，包含导师制培训、项目实战机会、行业峰会参与名额。
· 方案 B：针对客服岗，包含心理咨询服务、月度减压活动、夜班补贴优化。
2. 提供预算分配表（单岗位年成本控制在 5000 元以内）。
3. 说明方案与"提升留存率""降低流失率"目标的关联性。

注意事项

要点	内容
法律合规	AI 生成的福利方案须核查相关法律法规。
文化适配	福利需与企业文化匹配，如强制团队建设可能违背扁平化管理理念。
试点验证	建议先在小范围（如某部门）测试 AI 方案，收集反馈后再全公司推广。
动态调整	每季度根据员工满意度、离职率等数据优化福利组合。
沟通透明	向员工说明福利设计的依据。

用 AI 设计激励方式

问题情景

1 我们销售团队最近业绩波动很大，季度目标完成率从 80% 跌到 50%，奖金激励效果越来越差，怎么办？

2 传统激励方式（比如单纯用奖金刺激）容易陷入"边际效应递减"的陷阱。激励设计的核心是"精准匹配需求"，比如，销售冠军可能更需要职业晋升机会，而新人可能更需要技能培训。

3 我们试过给业绩 Top3 的销售人员提供旅游基金，但有人觉得"还不如直接折现"，激励方式到底该怎么选？

4 激励需要分层差异化设计。比如，对高绩效员工提供"股权激励 + 峰会名额"（满足成就感），对中等绩效员工提供"项目主导权 + 导师带教"（满足成长需求），对低绩效员工提供"改进计划 + 基础技能培训"（解决能力短板）。

5 很多时候公司的激励资源是有限的，如何平衡公平与效率？

6 用"非对称激励"打破平均主义。比如，将 80% 资源投向"高潜力 + 高绩效"员工（20% 的核心人群），同时用"普惠性福利"（如下午茶、健康体检）覆盖全员。用"精准滴灌"避免全员福利导致的激励钝化。

AI 提问框架

通用提问公式 = 情境定位 + 激励痛点 + 目标需求

情境定位

描述团队或业务的基本状态，帮助 AI 理解激励方案需适配的组织环境，避免生成与企业文化冲突的建议。

提问要素
- 团队画像：如 50 人研发团队，其中 60% 为 "90 后" 工程师。
- 业务特征：如初创期快速扩张阶段、成熟期成本优化阶段。
- 文化背景：如强 KPI 导向、扁平化创新氛围。

激励痛点

明确当前激励措施存在的问题，需具体到员工行为表现或管理操作难点。将模糊的 "积极性低" 转化为可分析的矛盾点。

提问要素
- 行为反馈：如优秀员工离职率同比上涨 20%。
- 机制漏洞：如晋升通道狭窄导致内卷、年终奖发放标准不透明。
- 资源限制：如年度激励预算仅增长 5%，无法为每个部门定制方案。

目标需求

明确希望通过 AI 实现的具体目标，需包含激励类型和评估方式。

提问要素
- 激励类型：如设计非物质激励菜单、优化短期与长期激励配比。
- 数据支撑：如参考行业薪酬中位值、对比竞品公司福利清单。
- 落地要求：如生成 3 套可分阶段实施的方案。

准备资料

要点	内容
员工数据	近 1 年绩效评分、培训参与记录、离职面谈摘要等。
激励历史	过往激励方案内容、成本、员工反馈（如满意度调研结果）等。
行业对标	同行业企业激励案例（如股权激励比例、弹性福利清单）等。
管理诉求	激励方案的底线要求，如预算不超过去年 10%、必须包含非物质激励等。

实战案例

我是一家跨境电商公司 HR 负责人，管理 3 个团队共 120 人。
- 运营组（60 人）：负责平台选品、活动策划，"90 后"占比 80%，业绩波动大。
- 技术组（40 人）：开发系统工具，成员平均司龄 3 年，对技术挑战敏感。
- 客服组（20 人）：处理售后问题，流动性高，新员工占 60%。

公司正处于快速扩张期，但近 3 个月员工 NPS（净推荐值）下降 15%，管理层要求 3 个月内扭转局面。

1. 一刀切：所有岗位统一用"销售额提成 + 年终奖"，技术组抱怨"没技术成长激励"。
2. 滞后性：年终奖次年 3 月发放，员工感知不到即时反馈。
3. 成本高：去年加薪 10% 后，人力成本占比超 25%，但效果仅维持 3 个月。

请你协助我

1. 分析需求：基于岗位特性，为 3 类员工设计差异化激励组合（需包含非物质激励）。
2. 成本优化：在预算不增加的前提下，调整现有激励资源分配比例。
3. 落地工具：生成可嵌入周会的"即时认可机制"模板（如积分兑换规则）。
4. 风险预警：识别新方案可能引发的员工质疑点（如为什么客服组没有股票期权），并给出应对话术。

注意事项

要点	内容
避免数据依赖	AI 分析需结合员工访谈，避免仅依赖系统数据（如加班时长 ≠ 贡献度）。
保护隐私	上传员工数据前须做脱敏处理。
文化适配	AI 生成的游戏化积分方案可能不适配传统行业，需评估组织氛围。

5.8 用 AI 查找薪酬问题

问题情景

1 最近公司员工离职率突然升高，尤其是技术部门的核心员工。我们做了离职面谈，发现不少员工提到"薪酬竞争力不足"，但我们的薪资水平已经是行业中上水平了。问题到底出在哪儿？

2 薪酬问题不能只看绝对值，还要看是否存在内部公平性问题？比如同岗位不同职级的薪酬差异是否合理？或者与外部市场对标是否精准？有些岗位可能行业整体薪资上涨，但企业未及时调整该岗位的薪酬带宽。

3 我们每年都会参考第三方薪酬报告调整薪资，但执行后仍有员工抱怨薪酬涨幅水平较小。

4 这可能是因为薪酬结构设计缺乏动态适配性。比如绩效奖金占比过高，导致员工收入波动大，或者福利分配未差异化。需要从薪酬的组成、分配逻辑、与绩效的挂钩方式等维度综合分析。

5 还有一个问题，销售团队的薪酬倒挂严重。新人底薪比老员工高 20%，但老员工的业绩贡献更稳定。这种情况怎么处理？

6 这是典型的薪酬结构失衡。需要通过历史数据回溯，分析薪酬增长与业绩贡献的匹配度，同时结合岗位价值评估，重新校准薪酬带宽和晋升调薪规则，用客观数据推动决策。

AI 提问框架

通用提问公式 = 薪酬数据描述 + 问题现象拆解 + 分析目标定义

提供企业当前薪酬体系的基础数据，为 AI 分析提供客观依据，避免因信息缺失导致分析偏差。

提问要素
- **薪酬结构**：如基本工资、绩效奖金、福利占比。
- **岗位分布**：如关键岗位（如技术、销售）的薪资范围及职级对应表。
- **历史调整记录**：如过去 3 年的调薪幅度、频次及依据。
- **外部对标基准**：如参考的行业薪酬报告版本及数据范围。

明确薪酬问题的具体表现，并将其转化为可量化的矛盾点。

提问要素
- **问题类型**：如离职率高、内部公平性投诉、薪酬倒挂。
- **影响范围**：如技术岗离职率较去年上升 30%、销售团队新人老员工薪资差异超 20%。
- **关联因素**：如绩效结果分布、岗位价值评估结果。

说明需要通过 AI 解决的具体任务，并明确输出形式。确保 AI 输出的结论可直接支持管理决策。

提问要素
- **分析类型**：如公平性分析（同岗同酬）、竞争力对标。
- **数据要求**：如需对比近 3 年调薪幅度与业绩增长曲线、分析福利成本占比与员工满意度的相关性。
- **输出形式**：如列出薪资倒挂最严重的 5 个岗位及调整建议、模拟薪资结构优化后的成本变化。

准备资料

要点	内容
薪酬结构数据	岗位职级表、薪资带宽表、绩效考核与奖金挂钩规则等。
员工薪资档案	近 3 年全员薪资明细（须脱敏）、调薪记录、离职员工薪资数据等。
市场对标资料	最新的行业薪酬报告、竞品公司公开的薪资信息等。
关联管理数据	员工满意度调研结果、绩效排名分布、岗位价值评估报告等。
企业约束条件	薪酬预算上限、合规要求、文化适配性等。

实战案例

薪酬数据描述

我是某互联网公司的薪酬经理，公司规模 500 人，技术岗占比 40%，销售岗 30%。当前采用"基本工资（60%）+ 绩效奖金（30%）+ 福利（10%）"结构，技术岗 P6 职级年薪范围为 25 万 ~35 万元，销售岗底薪为 8 万 ~12 万元（提成另计）。参考《20××年互联网行业薪酬报告》，技术岗薪资处于市场 50 分位值，销售岗底薪处于市场 75 分位值。近半年技术岗主动离职率达 18%（去年同期为 10%），离职面谈中 60% 员工提及"薪资涨幅低于预期"。

问题现象拆解

1. 内部公平性争议：同职级技术岗薪资差异最高达 30%，且未明确公示差异原因。
2. 外部竞争力失衡：技术岗薪资低于市场 75 分位值，但销售岗底薪过高导致成本压力。
3. 结构性矛盾：绩效奖金占比过高，业绩波动时员工收入不稳定，离职面谈中 35% 员工提到"缺乏安全感"。

分析目标定义

请你协助我完成以下任务
1. 分析技术岗薪资差异的主要原因（如绩效、司龄、招聘紧急度），并识别 3 个最需优先调整的岗位。
2. 测算将技术岗薪资提升至市场 75 分位值所需的成本，并对比销售岗底薪下调至市场 50 分位值的成本节约空间。
3. 设计 2 种薪酬结构优化方案（如调整基本工资与奖金比例、增加长期激励），预测其对员工保留率的影响（需引用行业基准数据）。

注意事项

要点	内容
校验数据	AI 依赖输入数据质量，需提前核对薪酬数据的完整性（如是否包含全员薪资）和一致性（如职级定义是否与市场报告匹配）。
文化适配判断	AI 建议可能过于理想化（如全员股权激励），需结合企业实际可行性（如国企限制）调整。
动态迭代机制	薪酬问题随市场变化而波动，建议每季度重新评估。

5.9　用 AI 设计奖金方案

问题情景

1 我们公司今年业务增长快，但奖金分配总引发争议。销售团队抱怨"按销售额发钱"不公平，技术部门觉得"项目奖金"太滞后，HR 夹在中间两头受气，您觉得问题出在哪？

2 奖金方案本质是利益分配的艺术，设计不好会直接打击员工积极性。科学奖金设计要解决三大核心问题：公平性（减少内部矛盾）、导向性（引导员工行为对齐公司战略）、成本可控性（避免超预算）。

3 可我们业务复杂，销售、研发、运营的考核维度完全不同，这种情况该怎么发奖金呢？

4 销售团队可按"销售额 + 回款率 + 客户满意度"加权计算；研发团队可引入"项目里程碑奖金 + 专利奖励"；运营团队则结合"成本控制率 + 流程优化贡献"。关键是要让每个角色都明确"做什么能多拿钱"。

5 如果领导临时要调整公司战略（比如明年重点推新产品），奖金方案能快速匹配，响应战略需求吗？

6 当然可以！好的奖金方案是"活"的，比如预留 10%~20% 的弹性预算，针对战略目标设置专项奖励（如新产品推广先锋奖）。但前提是提前设计好规则，避免临时拍脑袋导致分配混乱。

AI 提问框架

通用提问公式 = 业务背景 + 目标约束 + 方案需求

描述奖金方案适用的组织、团队或业务场景，为 AI 提供足够的背景信息。

提问要素

- **公司类型**：如互联网、制造业、服务业。
- **团队规模与岗位分布**：如 × × 人数的团队，并说明销售、技术、客服岗位的人数占比。
- **现有奖金模式**：如固定比例、项目制、年终奖。
- **历史问题**：如分配争议、激励失效案例。

明确奖金方案需达成的目标及限制条件，框定 AI 的输出边界。

提问要素

- **激励目标**：如提升销售额、缩短项目周期、降低离职率。
- **预算范围**：如总奖金池金额、人均上限。
- **公平性要求**：如跨部门可比性、同岗同酬原则。
- **特殊约束**：如合规要求、领导偏好。

明确 AI 需提供的内容，将需求转化为 AI 可执行落地的任务清单。

提问要素

- **方案类型**：如提成制、奖金包制、股权激励。
- **计算规则**：如指标权重、发放周期、支付方式。
- **配套建议**：如配套考核制度、沟通话术、风险预案。

准备资料

要点	内容
组织信息	公司战略目标、部门职责分工、员工职级体系等。
历史数据	近 3 年奖金发放记录、员工满意度调研结果、离职率分析等。
业务规则	现有绩效考核制度、岗位价值评估结果、行业薪酬水平等。
管理诉求	领导对奖金方案的倾向、关键矛盾点等。

实战案例

业务背景

我公司为一家电商企业，员工规模约 500 人，其中运营团队 200 人（负责店铺推广）、技术团队 150 人（负责系统开发）、客服团队 100 人（负责售后）。目前采用"固定月薪 + 年终奖"模式，但员工普遍反馈年终奖"大锅饭"，且运营团队因"只看 GMV（商品交易总额）"导致利润率下降。

目标约束

1. 激励目标：提升运营团队毛利率（从 30% 提升至 35%）；缩短技术团队项目交付周期（从平均 60 天压缩至 45 天）；降低客服团队重复投诉率（从 15% 降至 8%）。
2. 预算范围：总奖金池不超过年度利润的 5%，人均上限为月薪的 200%。
3. 公平性要求：确保同职级员工奖金差异不超过 30%。

方案需求

请你协助我
1. 设计分层奖金方案。
· 运营团队：按"GMV × 毛利率系数"计算。
· 技术团队：按"项目难度系数 + 交付准时率"加权。
· 客服团队：按"客户满意度评分 + 重复投诉扣减"。
2. 提供计算示例。
· 运营岗 A（GMV 500 万元，毛利率 32%）的奖金计算过程。
· 技术岗 B（难度系数 1.2，准时率 90%）的奖金计算过程。
3. 配套建议：如何向员工解释方案逻辑；如何避免"为冲毛利率牺牲客户体验"的短期行为。

注意事项

要点	内容
数据验证	AI 输出的奖金规则需与历史数据模拟测试。
动态调整	建议每季度复盘一次，根据业务变化优化方案。
风险预案	提前设计极端情况应对措施，如因不可抗力未达标，是否保留基础奖金。
沟通透明	需向员工说明奖金与哪些行为挂钩，如毛利率提升 1% 对应奖金增加 5%。

第

6

章

AI＋员工关系管理

员工关系管理是企业和谐稳定发展的基石。AI 能让员工关系管理更加智能化、人性化。从辅助处理员工投诉，到生成富有同理心的员工谈话提纲；从设计科学的员工调查问卷，到深入分析工伤情况，预防潜在风险；从预防并应对劳动争议，到设计丰富多彩的员工活动方案；从进行员工满意度统计分析，到做员工合理化建议分析，AI 在员工关系管理的各个方面都发挥着积极作用，助力企业构建和谐的工作氛围，增强员工归属感，提升团队凝聚力。

6.1 用 AI 辅助处理员工投诉

问题情景

1 最近公司员工投诉量激增，光是匿名信箱一周就收到 20 多封投诉邮件，内容从"加班没补贴"到"管理者 PUA（通过手段操控他人心理和情绪）"都有。HR 天天忙于灭火，但问题反复出现，根本找不到根源，怎么办？

2 员工投诉是组织问题的"晴雨表"，处理不好会引发三重危机：信任崩塌、团队内耗、法律风险。科学处理投诉能实现三个价值：预警风险（提前发现制度漏洞）、修复关系（重建员工信任）、优化管理（投诉数据倒逼流程改进）。

3 可有些投诉很模糊，比如"领导偏心"，我们该怎么界定责任？

4 需要拆解，分类分析。比如偏心可能指向绩效考核不透明、资源分配不均或领导风格问题。

5 如果员工匿名投诉，我们找不到源头，该如何推进调查？

6 可以对事不对人，统查问题。比如对"加班无补贴"的匿名投诉，可先核查加班记录是否与考勤系统一致，再检查薪酬制度是否明确加班规则，最后回复投诉邮箱，或通过全员邮件说明情况。

AI 提问框架

通用提问公式 = 投诉背景 + 核心矛盾 + 处理需求

描述投诉发生的组织环境及历史情况，为 AI 提供问题全景图。

提问要素
- **公司规模与行业**：如 500 人制造业工厂，员工学历以高中为主。
- **投诉频率与类型**：如近 3 个月匿名投诉占比 60%，集中在薪酬与晋升。
- **历史处理方式**：如过去依赖 HR 一对一沟通，但复投率达 40%。

提炼投诉中的主要冲突点，包括显性矛盾（如工资纠纷）和隐性矛盾（如管理方式冲突），聚焦 AI 的分析方向。

提问要素
- **矛盾类型**：如制度漏洞、沟通失效、文化冲突。
- **关键证据**：如多名员工提到某领导口头承诺未兑现。
- **潜在风险**：如某投诉涉及性别歧视，可能引发劳动仲裁。

明确 AI 需提供的具体支持，将需求转化为 AI 可执行的任务清单。

提问要素
- **处理流程**：如设计匿名投诉的分级响应机制。
- **沟通工具**：如生成安抚员工的标准话术。
- **改进建议**：如针对晋升不公投诉，建议增加 360 度反馈环节。

准备资料

要点	内容
投诉原始数据	匿名 / 实名投诉记录，包含时间、内容、涉及部门等。
制度文件	员工手册、绩效考核制度、薪酬结构表等。
沟通记录	过往投诉处理流程，如邮件、谈话纪要等。
员工画像	年龄、学历、岗位分布，如一线员工占比 70%，平均年龄 28 岁。
管理诉求	领导对投诉处理的底线，如优先控制风险或优先修复员工关系。

实战案例

投诉背景

我公司为一家 300 人规模的客服中心，员工以大专学历为主，平均年龄 25 岁。近 3 个月匿名投诉占比 70%，主要集中在"加班费计算不清"（15 封）和"组长偏袒老员工"（12 封）。过往处理方式为 HR 逐一约谈，但员工反馈"HR 只听领导说法"，复投率高达 50%。

核心矛盾

1. 显性矛盾加班费计算规则不透明（员工认为"周末值班应算 2 倍工资"，但公司按"调休制"执行）；组长主观评价占比过高（绩效考核中"工作态度"占 30%，但无量化标准）。
2. 隐性矛盾：新老员工对立（老员工抱怨"新人总被组长护着"）；制度信任缺失（员工认为"公司说一套做一套"）。
3. 潜在风险：匿名投诉中 3 封提及"想申请劳动仲裁"，需优先化解。

处理需求

请你协助我

1. 设计匿名投诉的分级响应机制（如"加班费争议"为一级投诉，需 24 小时内反馈）。
2. 制定组长评价的量化标准（如"工作态度"拆解为"响应速度""客户满意度"等指标）。
3. 生成安抚员工的标准化话术（如"我们已核查您的加班记录，发现系统存在数据延迟，现已修复……"）；
4. 起草向全员公示的改进方案（需包含整改措施、责任人、时间节点）。

注意事项

要点	内容
隐私保护	严禁向 AI 提供敏感信息，用"员工 A""组长 B"等代称员工姓名。
方案落地性	AI 输出的流程需结合公司实际（如"引入第三方审计"需评估预算）。
情绪管理	AI 生成的话术模板需经 HR 润色，避免机械化表述让员工反感。
闭环验证	每季度统计投诉处理满意度，若某类投诉复投率高，需重新分析原因。

6.2 用 AI 生成员工谈话提纲

问题情景

1
最近公司要裁撤一条亏损产品线，涉及 30 名员工转岗或协商离职。我负责和他们一对一面谈，但完全不知道从哪切入，是先聊赔偿方案，还是先安抚情绪？

2
员工谈话不能随机应变，要精准施策。结构化提纲能避免遗漏关键信息（比如未告知员工转岗后的考核标准），控制谈话风险（比如员工情绪激动时偏离主题），积累管理数据（比如通过标准化问题收集组织改进点）。

3
可员工性格差异很大，比如技术岗员工更关注职业发展，而销售岗员工更在意经济补偿，该怎么平衡？

4
对所有员工的共性模块包含：事实确认（是否了解转岗后的岗位），情绪疏导（对调整有何顾虑），行动共识（若接受转岗，希望得到哪些支持）。技术岗可追加"技能匹配分析"，销售岗追加"历史业绩与补偿方案关联说明"。

5
如果员工在谈话中情绪激动，突然提出"公司故意针对我"，这种偏离主题的情况该怎么应对？

6
谈话预留弹性空间。比如，主动询问员工有哪些补充事项。如果员工偏离主题，可回应："我理解您的感受，但为了高效解决问题，我们先聚焦当前方案，后续我会将您的意见单独反馈给上级。"

AI 提问框架

通用提问公式 = 谈话背景 + 谈话目标 + 核心框架

谈话背景

描述谈话环境，为 AI 提供人物画像，帮助 AI 生成贴合场景的角色化提纲。

提问要素
- 员工类型：如试用期员工、十年老员工、待转岗员工。
- 谈话场景：如绩效面谈、离职协商、晋升反馈。
- 组织环境：如公司裁员、部门重组、战略转型。

谈话目标

明确谈话需达成的具体结果，需避免模糊表述，将目标转化为 AI 可执行的任务清单，如"改善关系"需转化为"员工签署转岗协议"。

提问要素
- 核心任务：如确认员工是否接受降薪留任。
- 风险控制：如避免员工录音传播负面信息。
- 数据需求：如收集员工对晋升标准的改进建议。

核心框架

设计提纲的模块结构，需包含必选模块与可选模块，确保提纲结构化与灵活性并存。

提问要素
- 必选模块：如开场寒暄、事实确认、情绪疏导、行动共识。
- 可选模块：如技能评估、法律告知、资源支持。
- 弹性问题：如您是否还有其他补充?

准备资料

要点	内容
员工基础信息	岗位、职级、司龄、绩效评分、历史谈话记录等。
组织政策文件	薪酬制度、晋升标准、转岗协议模板、离职补偿方案等。
风险预案	法律顾问提供的谈话禁忌清单，如禁止承诺无法兑现的内容。
管理者诉求	谈话底线，如赔偿金额上限、转岗岗位优先级等。
环境因素	谈话地点（会议室 / 线上）、是否需要第三方见证（如工会代表）等。

实战案例

谈话背景

我公司为一家 200 人规模的互联网教育公司，因业务调整需裁撤"线下课程开发部" 20 名员工。接下来要谈话的对象为一名司龄 5 年的高级课程设计师，绩效评分连续两年为 B（中上水平），家庭负担较重（需赡养父母、抚养 2 名子女）。公司计划提供两个选择。
1. 转岗至"线上课程运营岗"（需掌握数据分析技能）。
2. 协商离职（N+1 补偿）。

谈话目标

1. 核心任务：确保员工在 1 周内明确选择（转岗或离职）；若选择转岗，需签署《技能培训承诺书》；若选择离职，需签署《协商解除协议》。
2. 风险控制：避免员工录音或录像；防止员工在谈话后散布"公司歧视老员工"的言论。
3. 数据需求：收集员工对转岗的顾虑点（如数据分析技能不足）；记录员工对离职补偿方案的满意度（如是否认为 N+1 合理）。

核心框架

请你协助我生成员工谈话提纲，内容包含
1. 必选模块：开场寒暄（如"感谢您 5 年来对公司的贡献"）；事实确认（如"您是否了解转岗后的岗位说明书？"）；情绪疏导（如"您对调整是否有顾虑？具体是哪方面？"）；行动共识（如"如果选择转岗，您希望培训从何时开始？"）。
2. 可选模块：技能评估（如"您目前的数据分析能力如何？可举例说明"）；法律告知（如"根据相关法律法规，公司需提前 30 天书面通知解除合同"）；资源支持（如"若选择转岗，公司可提供 1 个月脱产培训"）。
3. 弹性问题："除了刚才提到的，您是否还有其他需要补充的？"

注意事项

要点	内容
法律合规	严禁 AI 生成涉及违法内容，如诱导员工放弃经济补偿金。
版本管理	可以要求 AI 根据不同场景生成不同的员工谈话提纲版本。
情感温度	AI 生成的提纲需补充人性化表达，如将"公司政策如此"改为"我们理解您的困难，但公司政策确实有明确规定"。
事后复盘	记录谈话中的高频问题，如根据 80% 员工询问转岗后的考核标准，反推制度优化点。

6.3 用 AI 设计员工调查问卷

问题情景

1 最近公司要推行弹性工作制，但员工反馈两极分化。有人抱怨远程办公效率低，有人却说严重浪费通勤时间。我们该怎么了解真实需求？

2 可以用员工调查问卷收集员工意见。通过设计科学的问卷，你可以量化不同群体的诉求差异（比如按部门、职级、年龄分层），避免"拍脑袋"决策。

3 但问卷设计太主观了，之前我们发过匿名反馈表，结果全是"还行""差不多"，根本没解决实际问题。

4 关键在问题设计，开放式问题要结合封闭式选项（比如"您认为当前沟通效率如何？1~5 分打分，并举例说明"），同时避免诱导性提问（比如"您是否支持弹性工作制？"）。这样既能获取数据，又能挖掘深层原因。

5 如果员工担心遭到公司相关人士的报复，不敢说真话，怎么办呢？

6 设计安全机制，问卷开头明确匿名承诺，问题聚焦具体场景（比如"最近一次跨部门协作中，您遇到的最大障碍是什么？"），而非直接评价上级。问卷结果需转化为行动方案，员工才会认可其价值。

AI 提问框架

通用提问公式 = 场景定位 + 问卷目标 + 设计需求

描述问卷使用的具体背景，帮助 AI 理解问卷的必要性。

场景定位

提问要素
- **组织阶段**：如初创期、扩张期、成熟期。
- **覆盖范围**：如全体员工、特定部门、新员工。
- **触发事件**：如新政策推行、离职率上升、实施重大项目后。

明确问卷需要达成的具体结果，聚焦 AI 的输出方向。

问卷目标

提问要素
- **核心矛盾**：如离职率高但原因不明。
- **决策关联**：如为优化薪酬体系提供数据支撑。
- **优先级排序**：如优先解决员工健康问题，其次为职业发展。

细化问卷结构、题型、逻辑等具体要求，将抽象需求转化为 AI 可执行的问卷框架。

设计需求

提问要素
- **题型组合**：如单选、多选、矩阵量表、开放题比例。
- **逻辑跳转**：如若选择"不满意"，则跳转至具体原因选项。
- **风格偏好**：如"语言简洁，避免专业术语""增加趣味性选项"。

准备资料

要点	内容
组织背景	公司文化、当前管理痛点（如离职率、协作效率）、历史调研数据等。
目标人群	员工画像（如年龄分布、岗位类型、工作年限）、敏感话题清单（如薪酬、晋升）等。
设计约束	问卷时长限制（建议不超过 10 分钟）、语言风格偏好（正式/轻松）、分发渠道（邮件/内部系统）等。
后续计划	问卷结果如何应用，如生成报告、制定政策、启动培训等。

实战案例

 **场景
定位**

我公司为互联网科技公司，员工规模约 300 人，近期推行 OKR 管理后，部分部门反馈目标拆解不清晰，跨部门协作效率下降。计划开展全员调研，覆盖技术、产品、运营三大部门。

 **问卷
目标**

请你协助我设计员工调查问卷，达到如下目标

1.诊断 OKR 推行中的核心问题，如目标理解度、协作障碍、工具使用熟练度。
2.区分不同部门、职级的差异化诉求，为优化方案提供数据支撑。
3.验证假设：员工对 OKR 工具的培训需求高于流程设计需求。

**设计
需求**

问卷调查有如下需求

1.结构要求。
· 总题量 ≤ 20 题，答题时长 ≤ 8 分钟。
· 前 3 题为基本信息（部门、职级、工作年限），后续按部门分模块（技术岗侧重工具使用，运营岗侧重协作流程）。
· 包含 1 道矩阵量表题（如"OKR 对工作目标的清晰度影响：1~5分"），3 道开放题（如"请举例说明当前协作中最大的阻碍"）。
2.逻辑要求：若"OKR 工具使用频率"选择"每周 ≤ 1 次"，则跳转至"工具使用困难原因"多选题；开放题需设置字符限制（≤ 200 字）。
3.风格要求：语言简洁，避免专业术语（如将"KPI 与 OKR 的协同性"改为"您觉得当前考核和目标管理是否冲突？"）；增加趣味性选项（如"您应用 OKR 工具的熟练程度？ A. 王者段位 B. 青铜选手 C.还没下载"）。

注意事项

要点	内容
分层设计	针对不同岗位的问题须差异化。
数据清洗	剔除无效问卷，并标注异常数据。
应用承诺	在问卷开头明确说明结果用途，提升员工参与意愿。
伦理边界	避免直接关联个人与敏感信息，改为匿名分组统计。

6.4 用 AI 做工伤分析与预防

问题情景

1 最近公司连续发生两起工伤事故，都是操作设备时被夹伤。安全培训年年做，但事故率居高不下，员工也开始抱怨流程烦琐，我们该怎么解决？

2 建议做工伤分析与预防。通过系统性复盘事故数据，能识别出培训形式化之外的深层原因（比如设备老化、防护装置缺失、疲劳作业）。单纯增加培训次数，可能只是"头痛医头"。

3 但工伤数据分散在安全部、HR 和财务部，各部门统计口径还不一致，怎么整合分析？

4 建立工伤归因模型：将事故类型、时间分布、岗位特征等数据交叉分析，才能定位根因。比如，若发现 80% 的机械伤害发生在夜班且新员工占比 60%，问题可能出在师徒带教制度失效。

5 如果做了工伤分析之后找到了问题，但管理层觉得整改成本太高，不愿投入怎么办呢？

6 这就需要量化"成本 - 收益"：用 AI 计算每起工伤的直接成本（医疗费、赔偿）和间接成本（停工损失），对比预防措施的投入。比如，一次工伤的总成本可能高达 20 万元，而预防措施只需 5 万元，数据就是说服力。

AI 提问框架

通用提问公式 = 场景背景 + 核心痛点 + 分析需求

场景背景

描述工伤发生的客观条件，帮助 AI 理解工伤问题的行业共性与企业个性。

提问要素
- 行业类型：如制造业、物流业、建筑业。
- 企业规模：如员工总数、高危岗位占比。
- 历史数据：如近 3 年工伤次数、类型分布、严重程度。

核心痛点

明确当前工伤管理中亟待解决的具体问题（如数据分散、根本原因不明、预防措施无效），聚焦 AI 的输出方向。

提问要素
- 数据障碍：如工伤记录分散在 Excel、纸质档案和 ERP 系统中。
- 分析盲区：如未统计工伤前的员工疲劳度数据。
- 管理矛盾：如安全部要求停机检修，生产部要求保交付。

分析需求

细化对 AI 的分析要求，将抽象需求转化为 AI 可执行的任务。

提问要素
- 数据整合：如将安全部、HR 和财务部的工伤数据按"事故时间 – 岗位 – 成本"维度合并。
- 归因分析：如用帕累托图找出高频事故类型，用鱼骨图分析根本原因。
- 方案模拟：如模拟安装防护装置后，工伤率下降 30% 的概率及成本回收周期。

准备资料

要点	内容
工伤原始数据	事故记录、医疗费用、赔偿金额、停工天数等。
关联数据	员工排班表、设备维护记录、培训记录等。
管理约束	预算限制、法规要求、历史方案等。
决策偏好	管理层关注重点，如成本控制、员工满意度、合规风险等。

实战案例

场景背景

我公司为汽车零部件制造企业，员工约 800 人，其中高危岗位（冲压、焊接、喷涂）占比 40%。近 3 年工伤记录情况如下。
1. 事故类型：机械伤害（60%）、跌倒（25%）、化学灼伤（15%）。
2. 时间分布：夜班（22:00~6:00）事故率是白班的 3 倍。
3. 成本：单起工伤平均损失 8 万元（含医疗费、赔偿、停工损失）。

核心痛点

当前工伤分析存在如下问题
1. 数据碎片化：工伤记录分散在安全部 Excel、HR 系统（仅含赔偿金额）、财务部（仅含医疗费），需手动合并。
2. 根本原因不明：过去归因多为"员工操作失误"，但未分析设备老化率（冲压机平均使用年限超 8 年）、夜班疲劳度（连续工作超 12 小时员工占比 30%）。
3. 方案争议：安全部提议安装红外感应防护装置（单台成本 2 万元），但生产部反对停机改造，担心影响交付。

分析需求

请你协助我
1. 数据整合：按"事故时间 - 岗位 - 类型 - 成本 - 设备编号"维度合并三部门数据，清洗重复记录。
2. 归因分析。
· 用帕累托图筛选高频事故类型，用鱼骨图分析夜班机械伤害的根因（如设备老化、疲劳作业、培训不足）。
· 计算各因素与工伤的关联度（如"连续工作超 12 小时"与机械伤害的卡方检验 p 值）。
3. 方案模拟。
· 模拟安装红外感应装置后，工伤率下降 40% 的概率及成本回收周期（假设单条产线停机改造 2 天，损失产值 15 万元）。
· 对比其他方案（如夜班增加 1 名巡检员、缩短单次连续作业时长至 8 小时）的 ROI。

注意事项

要点	内容
数据质量验证	检查工伤记录的完整性、设备维护记录的真实性。
根因分析边界	避免将管理疏漏归因为员工粗心，需拆解具体管理环节。
可行性评估	AI 模拟的 ROI 需结合企业实际。
合规性审查	预防措施需符合当地安全生产法规，避免为降成本而违规。
员工参与度	方案落地前，需通过焦点小组访谈员工对预防措施的接受程度。

6.5 用 AI 预防应对劳动争议

问题情景

1

最近我们公司连续两起劳动仲裁，都是因为合同条款模糊造成的加班费计算争议。HR 每天忙着处理纠纷，根本没精力做人才发展，您觉得怎么破局？

2

劳动争议的本质是"风险后置"——企业习惯事后补救，但真正的高效管理是前置预防。比如，通过合同条款细化、加班审批流程标准化，能减少 80% 的潜在纠纷。

3

可员工总说公司制度"不人性化"，比如加班调休必须提前一周申请，这种规定真能减少争议吗？

4

制度刚性 ≠ 不人性化，关键在于"明确规则 + 透明执行"。比如，在员工手册中写明加班审批流程，同时配套说明"紧急情况可事后补单"，既能合规又能降低争议风险。

5

如果已经发生劳动争议，比如员工突然离职并要求赔偿，HR 该如何应对？

6

劳动争议发生后，第一步是证据链闭环，梳理劳动合同、考勤记录、绩效沟通记录等，确保所有流程合规。第二步是用 AI 模拟庭审场景，预判劳动仲裁可能关注的焦点，提前准备答辩话术。

AI 提问框架

通用提问公式 = 争议场景描述 + 风险分析需求 + 预防策略需求

客观描述劳动争议的类型、涉及人员等，帮助 AI 精准定位劳动争议情况。

提问要素
- **争议类型**：如劳动合同纠纷、加班费争议、经济补偿金争议。
- **涉及岗位 / 员工特征**：如高管、销售岗、试用期员工。
- **争议关键时间节点**：如合同到期前 30 天、离职后 1 个月内。

量化劳动争议可能的影响，为后续策略提供优先级依据。

提问要素
- **法律风险**：如检查与《中华人民共和国劳动合同法》（简称《劳动合同法》）第 × × 条的适用性。
- **财务损失**：如赔偿金计算、律师费估算。
- **管理成本**：如 HR 处理时长、团队士气影响。

要求 AI 提供可落地的争议预防方案，将风险分析转化为具体行动。

提问要素
- **制度优化方向**：如补充竞业限制协议条款。
- **流程设计**：如离职面谈标准化话术模板。
- **员工培训计划**：如合规微课内容框架。

准备资料

要点	内容
争议历史纪录	近 1 年劳动仲裁 / 诉讼案件清单，含争议类型、处理结果、赔偿金额等。
制度文本	劳动合同、员工手册、加班审批流程、绩效考核制度等。
员工沟通记录	离职面谈记录、绩效改进计划沟通记录等。
法律政策文件	当地劳动仲裁委典型案例汇编、行业合规指南等。

实战案例

争议场景描述

我公司是一家 300 人规模的电商企业，近期发生一起试用期员工争议：员工 A 入职 3 个月后被以"不符合录用条件"辞退，要求支付 2 个月工资作为赔偿金。经核查，争议焦点如下。
1. 劳动合同未明确试用期考核标准。
2. 部门经理未留存员工绩效改进沟通记录。
3. 员工离职面谈时情绪激动，HR 未提前准备话术。

风险分析需求

1. 法律风险：根据《劳动合同法》第 39 条，我公司可能因"无法明确证明员工不符合录用条件"被判违法解除劳动合同。
2. 财务损失：若败诉，需支付赔偿金约 3 万元，并承担仲裁律师费约 1 万元。
3. 管理成本：HR 需投入 20 小时处理该案件，并可能引发其他试用期员工效仿。

预防策略需求

请你协助我
1. 制度优化：补充劳动合同"试用期考核条款"模板，明确量化标准（如销售额 ≥ 5 万元 / 月）。
2. 流程设计：制定《试用期员工绩效面谈记录表》，要求部门经理每月签字确认。
3. 员工培训：提供"试用期沟通话术"微课，包括"辞退面谈 5 步法"及情绪安抚技巧。

注意事项

要点	内容
法律合规	AI 生成的制度条款须经律师审核。
证据留痕	对 AI 建议的流程需要相应的书面记录。
员工沟通	AI 提供的标准化话术需结合企业风格调整。
动态更新	每季度用 AI 复盘争议案例，更新预防策略库。

6.6 用 AI 设计员工活动方案

问题情景

1 我们公司员工离职率连续两个季度上升，进行员工调研后，发现很多人抱怨"工作太枯燥，团队没活力"。我试过组织聚餐和户外拓展，但效果很差，怎么办？

2 员工活动的核心不是完成任务，而是解决需求。比如，"95 后"员工更关注"自我价值实现"，可以设计技能交换工作坊或跨部门创新挑战赛，让员工在活动中收获成就感。

3 但公司预算有限，每次活动只能控制在人均 200 元以内，这种限制下还能设计出有吸引力的活动吗？

4 预算低反而能倒逼活动创意。比如，用"服务兑换"概念：员工贡献自身技能（如 PPT 美化、英语辅导）可兑换其他员工的技能服务，既能零成本激发参与感，又能促进跨部门协作。

5 如果活动后员工反馈"形式大于内容"，该怎么改进？

6 活动设计要遵循"前－中－后"闭环：前期调研需求（符合员工需要），中期设置"即时反馈二维码"（随时提出意见），后期用 AI 生成《活动效果分析报告》，用数据证明员工参与度提升。

AI 提问框架

通用提问公式 = 活动背景描述 + 目标人群特征 + 活动设计需求

活动背景描述

说明活动发起的原因、公司现状及历史活动效果，帮助 AI 理解活动设计的"约束条件"。

提问要素

· **业务目标**：如提升团队凝聚力、降低离职率。
· **历史问题**：如去年运动会参与率不足 50%、问卷显示 60% 员工认为活动无意义。
· **资源限制**：如预算上限、场地限制、时间窗口。

目标人群特征

明确参与活动的员工群体画像，包括年龄、岗位、兴趣偏好等，确保活动设计精准满足员工需求。

提问要素

· **人员特征**：如"90 后"员工占比 70%、研发岗占比 40%。
· **行为特征**：如午休时高频使用飞书群聊、热衷剧本杀。
· **痛点需求**：如希望缓解久坐疲劳、需要跨部门资源。

活动设计需求

要求 AI 提供具体活动方案，将抽象需求转化为 AI 可执行的方案。

提问要素

· **活动主题**：如职场技能交换市集、24 小时极限创新马拉松。
· **形式设计**：如线上 + 线下混合、分组积分制。
· **风险预案**：如雨天备用方案、设备故障应急流程。

准备资料

要点	内容
员工画像数据	年龄分布、岗位构成、兴趣标签（如通过问卷星 / 钉钉数据导出）等。
历史活动记录	近 3 次活动的参与率、满意度评分、员工抱怨原话等。
公司文化文档	企业价值观、员工手册中关于团队建设的描述等。
场地 / 供应商资源	公司内可用会议室清单、周边合作餐厅 / 场地报价单等。

实战案例

活动背景描述

我公司为一家 200 人规模的互联网教育公司，近期员工离职率环比上升 15%，调研显示"工作单调"和"缺乏跨部门交流"是主因。过去半年组织过 3 次活动。

1. 端午节包粽子：参与率 35%，反馈"像完成任务"。
2. 户外徒步：参与率 50%，但研发部集体缺席。
3. 年会抽奖：预算超支 20%，员工抱怨"奖品鸡肋"。

本次活动预算人均 ≤ 150 元，场地限于公司内部。

目标人群特征

1. 岗位构成：教研岗 40%、销售岗 30%、技术岗 20%、职能岗 10%。
2. 年龄分布："90 后"占比 65%，"95 后"占比 25%。
3. 兴趣偏好：高频使用"得到"App 学习（40%）、午休时玩《王者荣耀》（30%）、关注"职场技能提升"话题（50%）。

活动设计需求

请你协助我设计员工活动方案，包括以下几点

1. 活动主题：建议围绕"技能共享"或"创新协作"设计。
2. 形式设计：采用"分组积分制"，要求跨部门组队，设置"技能拍卖""方案路演"环节。
3. 预算分配：总预算 3 万元，要求列出物资清单（如奖品、道具、餐饮）及供应商推荐。
4. 风险预案：提供"技术岗员工中途离场"的替代方案（如设置线上协作专区）。

注意事项

要点	内容
员工参与感	AI 方案须经员工代表投票优化。
迭代机制	活动后用 AI 对比预测数据与实际数据，优化后续方案。
文化适配性	若公司倡导扁平化管理，需避免活动形式过于层级分明。

6.7 用 AI 做员工满意度统计分析

问题情景

① 最近领导让我做员工满意度调研，但问卷发下去后，回收率不到 50%，很多问题都是"还行""一般"这种模糊回答，根本分析不出有价值的结论，怎么办？

② 员工满意度分析的关键是发现问题，问卷调查的设计很关键。比如，如果技术部员工在"职业发展空间"选项得分低，但调研里没细化到"晋升标准不透明"或"培训资源不足"，就抓不住痛点。

③ 那如果员工对"薪酬"满意度低，但公司预算有限，总不可能因此给员工涨薪吧？该怎么解决这种矛盾？

④ 薪酬只是表象，深层可能是公平性问题。比如，用 AI 对比同岗位员工的"绩效 - 薪资"匹配度，发现问题，这种数据才能说服领导调整分配逻辑。

⑤ 如果领导要求"一周内出报告"，但数据量太少，AI 能补救吗？

⑥ 数据量少时，可以"以小见大"。比如，用 AI 分析离职员工的离职面谈记录，提炼高频词，再结合在职员工的匿名抱怨，交叉验证出关键矛盾，有针对性地设计解决方案。

AI 提问框架

通用提问公式 = 数据背景 + 分析目标 + 输出需求

数据背景

说明调研数据的来源、类型、覆盖范围及现有问题，帮助 AI 理解数据现状。

提问要素
- **数据来源**：如离职面谈记录、内部论坛评论。
- **数据规模**：如"回收问卷 120 份，覆盖 8 个部门"。
- **数据缺陷**：如开放式问题回答率仅 30%、存在重复提交。

分析目标

明确希望通过分析解决的具体问题或验证的假设，聚焦分析方向。

提问要素
- **核心矛盾**：如薪酬满意度低但预算有限、新员工融入困难。
- **关联维度**：如"薪酬 – 绩效 – 离职率"关联性、"管理层领导力 – 员工归属感"关联性。
- **假设验证**：如假设加班时长超过 20 小时 / 周会导致满意度下降。

输出需求

将需求转化为 AI 可执行的任务，要求 AI 提供具体分析结果及可视化呈现形式。

提问要素
- **分析方法**：如相关性分析、文本情感分析、聚类分析。
- **可视化需求**：如按部门输出满意度雷达图。
- **结论要求**：如标注 Top3 满意度影响因素，推荐 3 个低成本改进措施。

准备资料

要点	内容
原始数据文件	满意度问卷、离职面谈记录、内部论坛 / 匿名抱怨平台数据等。
员工基础信息	部门、岗位、司龄、绩效评分、薪资数据（脱敏后）等。
历史分析报告	过往满意度调研结论、员工流失原因分析、改进措施执行效果等。
业务背景文档	公司当前战略目标、近期重大调整等。

实战案例

数据背景

我公司为一家 500 人规模的制造业企业，20×× 年 Q3 员工满意度调研共回收问卷 180 份（回收率 60%），覆盖生产部、技术部、销售部、行政部。数据存在以下问题。
1. 开放式问题（如"对公司最不满的地方"）回答率仅 25%。
2. 匿名性存疑（部分员工在问卷中填写工号）。
3. 离职员工未纳入调研，但近期离职面谈记录 32 份。

目标设定

1. 核心矛盾：生产部满意度得分 62 分（低于公司均值 75 分），需验证是否与"加班时长"或"设备老旧"相关。
2. 关联维度：分析"薪资满意度"与"绩效排名"的关联性，判断是否存在"高绩效低薪资"现象。
3. 假设验证：假设"入职 1 年以内员工对培训满意度更低"，需用数据验证。

输出需求

请你协助我输出
1. 分析方法。
· 对生产部数据，用相关性分析验证"加班时长"与"满意度"的关联性。
· 对薪资数据，用聚类分析划分"高绩效 – 低薪资""低绩效 – 高薪资"员工群体。
· 对离职面谈记录，用"文本情感分析"提取高频负面关键词。
2. 可视化需求。
· 生成"加班时长 – 满意度"散点图，标注生产部数据点。
· 输出"薪资 – 绩效"四象限图，标记需调整薪资的员工群体。
· 按部门输出"满意度 Top3 影响因素"柱状图。
3. 结论要求：标注生产部满意度低的核心原因；推荐 3 个低成本改进措施；提示需进一步调研的方向。

注意事项

要点	内容
数据清洗	AI 分析前须手动剔除无效数据，如重复提交、明显乱填问卷等。
隐私保护	涉及员工薪资、绩效等敏感信息时，须提前脱敏处理。
结果验证	AI 输出的"高绩效 – 低薪资"名单与 HR 系统数据交叉核对。
动态跟踪	建议每季度重新分析，观察满意度变化趋势。

6.8 用 AI 做员工合理化建议分析

问题情景

1 公司推行合理化建议制度半年了，但员工参与度越来越低，上个月只收到 23 条建议，比第一季度少了 60%。领导觉得是形式主义，要求我们优化，但不知道该从哪里入手。

2 员工提建议的积极性低，往往是因为没反馈或没结果。比如，某员工提出"优化审批流程"建议，但三个月后流程依然烦琐，其他员工看到后自然就不愿意再提了。

3 但有些建议确实难以落地，比如技术部提出的"升级服务器"，但预算全用在市场推广上了，哪还有资金做服务器升级，这种情况该怎么平衡？

4 重点不是全部落地，而是分类管理。比如，用 AI 分析建议类型，发现高价值和更容易执行的合理化建议。把资源向高价值建议倾斜，员工会更认可，也更愿意参与合理化建议制度。

5 如果领导要求"快速筛选出 10 条最有价值的建议"，但人工筛选耗时耗力，AI 能帮忙吗？

6 当然可以。比如，AI 可以按可行性、影响范围、成本 3 个维度给建议打分，发现某条"简化报销流程"的建议能节省全公司每月 100 小时工时，但成本几乎为 0，这种建议自然优先落地。

AI 提问框架

通用提问公式 = 背景描述 + 分析目标 + 输出需求

说明建议的来源、规模、历史执行情况等，帮助 AI 理解建议数据的现状。

提问要素
- **数据来源**：如 20 × × 年 Q3 员工建议箱、内部论坛匿名建议。
- **数据规模**：如累计收到建议 128 条、近 3 个月建议量下降 50%。
- **执行情况**：如已落地建议 23 条，但未反馈原因。
- **员工反馈**：如 70% 员工认为建议没回应。

明确希望通过分析解决的核心问题或验证的假设，聚焦分析方向。

提问要素
- **核心矛盾**：如建议量下降但管理层要求增加参与度、建议落地率低但资源有限。
- **关联维度**：如"建议类型 – 落地率"关联性、"建议部门 – 建议质量"关联性。
- **假设验证**：如假设技术部建议更专业，但落地率低于行政部。

要求 AI 提供具体分析结果及优先级排序。

提问要素
- **分析方法**：如文本分类、关键词提取、优先级评分。
- **可视化需求**：如按部门输出建议评分表。
- **结论要求**：如标注 Top10 高价值建议、推荐 3 条低成本快速落地建议。

准备资料

要点	内容
原始建议数据	员工建议文本（含匿名或实名）、建议提交时间、建议部门等。
历史执行记录	已落地的建议的名称和内容、执行时间、执行成本、效果反馈等。
员工调研数据	员工对建议制度的满意度评分、未提建议的原因等。
业务背景文档	公司当前战略目标、资源限制等。

实战案例

背景描述 → 我公司为一家 300 人规模的互联网公司，2023 年 Q3 累计收到员工建议 102 条（同比减少 40%），其中 70% 来自技术部，但落地率仅 15%；行政部收到建议仅 12 条，但落地率高达 80%。员工调研显示，65% 的员工认为"建议没反馈"，40% 的员工认为"建议没用"。

分析目标 → 1. 核心矛盾：建议量下降且落地率低，但管理层要求"提高员工参与度并增加高价值建议落地"。
2. 关联维度：分析建议类型与落地率的关联性；分析建议部门与建议质量的关联性。
3. 假设验证：假设"匿名建议质量更高，但落地率低于实名建议"，需用数据验证。

输出需求 → 1. 分析方法。
· 对建议文本进行"文本分类"，如流程优化、福利需求。
· 对建议进行"优先级评分"（评分维度：可行性、影响范围、成本）。
· 对匿名 / 实名建议进行"情感分析"（如匿名建议是否更尖锐）。
2. 可视化需求。
· 生成"建议类型 – 落地率"柱状图。
· 按部门输出"建议评分表"（含建议名称、评分、落地建议）。
· 生成"匿名 / 实名建议情感分析对比图"。
3. 结论要求：标注 Top10 高价值建议；推荐 3 条低成本快速落地建议；提示需改进的方向。

注意事项

要点	内容
数据清洗	AI 分析前手动剔除无效建议。
隐私保护	确保 AI 分析结果不泄露个人信息。
结果验证	AI 输出的高价值建议需与业务部门交叉核对。
动态跟踪	建议落地后需定期（如每 3 个月）跟踪效果。

第

7

章

AI+数据分析

数据分析是人力资源管理工作不可或缺的一环，AI 能让数据分析更加高效、精准。从设计直观易懂的数据分析报表，到深入分析岗位工作量，优化资源配置；从评估人才数量和质量，到分析招聘效能与成本，提升招聘效率；从研究员工留存与流失原因，到探索薪酬与绩效的关联，完善激励机制；从分析劳动效率与效能，到评估人力成本与收益，确保人力资源投入产出比最大化，助力企业实现数据驱动的决策优化，推动企业持续健康发展。

7.1 用 AI 设计数据分析报表

问题情景

1
最近公司要求每月提交 HR 数据报表，但每次整理数据都要花 3 天时间，手动汇总考勤、绩效、培训等数据，还总被领导说"看不出重点"，该怎么办？

2
问题出在数据展示，而非数据分析上。比如，某部门离职率连续 3 个月上升，但报表只列数字，领导无法快速判断是行业波动还是管理问题。报表的核心价值是"用数据讲故事"，让决策者一眼看到关键趋势和风险。

3
业务部门总说我们的报表"不接地气"，比如他们更关心"哪个团队人效最高"，但人力资源管理报表中只展示"平均工时"，这种矛盾怎么解决？

4
人力资源管理报表不能只展示自己关心的数据（比如考勤合规率），却忽略业务需求。可以用 AI 将人力资源管理数据与业务数据关联，生成"人效对比图表"，业务部门自然会重视。

5
可历史数据质量参差不齐，有些年份只有基础花名册，这种情况还能做分析吗？

6
数据完整性不足时，可以先构建"最小可行报表体系"。比如用近两年的薪酬数据＋招聘渠道转化率，推算人力成本边际效益。缺失部分用逻辑推演标注置信区间，逐步迭代完善。

AI 提问框架

通用提问公式 = 数据基础说明 + 分析目标定义 + 成果交付要求

明确可提供给 AI 的数据类型、范围及质量，包括结构化数据（比如数据库表格）与非结构化数据（比如员工反馈文本），帮助 AI 判断分析可行性。

提问要素
- **数据模块**：如招聘漏斗数据、绩效评估表、考勤记录。
- **数据形态**：如 Excel 表格、系统导出的 CSV 文件、调研问卷结果。
- **已知缺陷**：如 20××年前数据缺失、绩效评分标准不一致。

将管理需求转化为可量化的分析任务，明确需验证的假设或需回答的业务问题，确保 AI 输出与业务目标强关联。

提问要素
- **决策场景**：如优化 20××年校招渠道投入、降低高绩效员工离职率。
- **关键矛盾**：如招聘成本上升但质量下降、培训投入与业绩提升相关性弱。
- **分析深度**：如需要根因分析或只需趋势描述。

设定对分析结果的呈现形式、颗粒度及落地性要求。

提问要素
- **可视化类型**：如动态仪表盘框架、对比柱状图模板。
- **结论层级**：如需同时呈现部门级和公司级结论。
- **行动指引**：如需标注高风险指标并给出改善优先级建议。

准备资料

要点	内容
数据资产清单	现有系统中的数据表名称、字段说明及更新频率等。
业务优先级地图	当前阶段 HR 核心目标排序，如成本控制 > 人才发展 > 员工体验。
历史分析样本	过往使用的报表模板及管理层反馈痛点，如缺乏跨年度对比功能。
合规边界说明	数据使用限制，如薪酬数据仅能展示分位值而非具体数值。
技术环境信息	数据输出格式要求，如需适配 Power BI 或钉钉平台。

实战案例

 数据基础说明

我是某快消品集团的 HRBP，负责销售与市场部门共 800 人的人力数据分析。现有 20×1—20×3 年数据包括：①招聘模块（猎头渠道成本、面试通过率、offer 接受率）；②绩效模块（季度 KPI 得分、360 度反馈报告）；③离职记录（离职原因分类、服务期长度）。已知问题：20×1 年绩效评分标准未统一，部分离职原因字段为自由文本。

分析目标定义

1. 销售团队离职率同比上升 22%，且高绩效员工（年度排名前 20%）占比达离职人群的 35%。
2. 管理层要求量化高潜力人才标准，但现有评估维度（绩效 + 领导力评分）与晋升后表现相关性不足。

成果交付要求

请你协助我
1. 构建离职风险预测模型，至少包含 3 类预警信号（如"绩效波动频次 + 薪酬竞争力偏离度"）。
2. 设计高潜力人才多维度评估看板，需支持按岗位序列（销售 / 市场 / 供应链）动态调整权重。
3. 输出数据看板原型图，并说明各图表与决策场景的对应关系。

注意事项

要点	内容
指标可解释性	避免使用 HR 专业术语（如组织效能 β 值），需转化为业务语言（如每元人力成本创造的营收）。
合规性检查	剔除可能涉及歧视的分析维度，如基于年龄、性别的离职率对比。
敏捷测试机制	先在小范围场景验证报表有效性，再根据反馈调整分析逻辑。

7.2 用 AI 做岗位工作量分析

问题情景

1
最近我们团队员工总抱怨任务分配不均，有人忙到加班，有人却闲得刷手机。我尝试过调整分工，但效果不明显，该怎么解决？

2
这可能是由于岗位工作量评估不清晰导致的。通过岗位工作量分析，可以明确每个岗位的核心职责、耗时占比，发现隐藏的冗余任务。

3
我们之前也试过让员工填工时表，但数据水分很大，最后还是靠经验分配。

4
传统方法确实容易主观，需要采取更加科学的岗位工作量分析方法，合理设定岗位编制、优化流程节点、为绩效考核提供客观依据。

5
如果业务变化快，比如我们公司最近新增了直播电商部门，这种分析还能用吗？

6
当然！岗位工作量分析是动态调整的工具。比如直播运营岗，需要拆解选品对接、脚本策划、直播跟播等子任务，设定每项的标准耗时。当业务模式变化时，只需更新任务清单，就能快速适配新需求。

AI 提问框架

通用提问公式 = 岗位背景 + 痛点描述 + 分析目标

描述岗位的基本信息，帮助 AI 理解岗位的职能边界。

提问要素

· **岗位名称**：如招聘专员。
· **岗位层级**：如初级 / 中级 / 高级。
· **协作部门**：如与用人部门、猎头公司对接。
· **业务周期**：如招聘旺季集中在春秋季。

明确岗位工作量评估中存在的具体问题，需体现矛盾点，聚焦分析方向。

提问要素

· **任务分配不均**：如部分员工重复处理低价值任务。
· **效率瓶颈**：如审批流程耗时占岗位总工时 30%。
· **员工反馈**：如 60% 员工认为工作量超负荷。

明确希望 AI 输出的具体成果，需指向可落地的结论。

提问要素

· **任务拆解**：如将招聘岗拆解为需求分析、简历筛选、面试安排等子任务。
· **工时测算**：如计算每项子任务的标准耗时。
· **优化建议**：如提出减少重复性工作的 3 种方案。

准备资料

要点	内容
岗位基础信息	岗位说明书、近 3 个月的工作日志或任务记录等。
流程协作信息	岗位涉及的跨部门协作流程图、常用工具清单等。
员工反馈素材	匿名调研数据、典型员工访谈记录等。
管理者核心诉求	分析重点、预期成果等。

实战案例

岗位背景

我是某互联网公司 HRBP，负责技术部门的岗位工作量分析。当前需分析"中级 Java（一种编程语言）开发工程师"岗位，该岗位属于研发中心，需与产品经理、测试工程师协作，主要承担系统功能开发、代码维护等任务。业务周期无明显季节性波动，但每年需配合 3 次大版本迭代。

痛点描述

1. 任务分配不均：部分员工长期负责高复杂度任务（如核心模块开发），而其他员工仅处理低难度需求（如系统问题修复）。
2. 协作效率低：跨部门沟通耗时占岗位总工时 25%，如需求评审会平均耗时 4 小时 / 次。
3. 员工反馈：调研显示，70% 员工认为"重复性代码编写"占用了 30% 以上工时。

分析目标

请你协助我做岗位工作量分析，目标如下
1. 任务拆解：将中级 Java 开发工程师岗位拆解为需求分析、代码编写、单元测试、技术文档撰写等子任务，并标注每项任务的协作方。
2. 工时测算：基于历史数据，计算每项子任务的标准耗时（如"代码编写"平均耗时占比）。
3. 优化建议：提出 3 种减少重复性工作的方案（如引入代码生成工具、优化需求模板），并估算实施成本。

注意事项

要点	内容
数据真实性	需确保提交的任务记录、工时数据真实可靠。
动态调整	岗位工作量分析需定期更新（如每半年一次），以适应业务变化。
员工参与	分析过程中需与岗位员工沟通，避免 AI 建议与实际工作场景脱节。
工具适配	若公司已有任务管理工具，可优先结合其数据进行分析。

7.3 用 AI 做人才数量和质量分析

问题情景

1 最近公司业务扩张，技术团队从 50 人增加到 120 人，但新项目交付周期反而比预期延长了 30%。明明人变多了，效率却降低了，问题出在哪里？

2 这可能是因为团队规模的扩张没有与人才质量匹配。比如，新员工中具备关键技术能力的人员比例是否达标？核心岗位的资深员工能否有效赋能新人？如果单纯追求数量增长而不关注质量结构，会导致资源内耗。

3 具体要怎么分析呢？比如我们团队有 30% 的人入职不满半年，绩效考核显示他们的任务完成率普遍低于老员工，这是否说明招聘环节有问题？

4 一看数量是否满足业务需求，比如关键岗位覆盖率；二看质量是否达标，比如能力模型与岗位匹配度、高绩效员工占比等。若某部门编制缺口 20%，但现有人员中仅有 50% 能独立承担复杂项目，就需要优先解决质量短板。

5 如果公司业务变化快，比如我们最近从电商转向直播电商，这种分析还能用吗？

6 当然！人才质量分析需要动态调整能力模型。比如直播电商岗，需新增主播话术设计、直播间流量运营等能力项，再评估现有人才与新模型的匹配度。数量上，也要根据新业务优先级重新分配编制。

AI 提问框架

通用提问公式 = 业务目标描述 + 现状数据 + 分析指令

说明分析场景的核心目标及约束条件，明确 AI 需要服务的决策方向。

提问要素

- **业务阶段：** 如扩张期 / 收缩期 / 转型期。
- **关键指标：** 如人均效能、关键岗位到岗率。
- **限制条件：** 如预算、时间窗口。

列举当前阻碍目标达成的数据盲点或矛盾点，帮助 AI 识别需要补全或验证的信息，例如"需验证销售团队客户转化率下降是否与新人培训不足相关"。

提问要素

- **已知数据：** 如现有员工技能矩阵、离职率。
- **缺失数据：** 如未建立岗位胜任力模型、无历史效能对比。
- **矛盾点：** 如招聘量达标但关键项目仍人力不足。

明确需要 AI 执行的具体分析类型及输出形式。例如"对比近两年校招生与社招生的留存率和晋升速度，给出优化招聘渠道的建议"。

提问要素

- **分析模型：** 如人才结构健康度诊断、质量 – 数量矩阵分析。
- **数据要求：** 如引用行业基准值、内部历史数据对比。
- **输出形式：** 如优先级排序表、风险预警清单。

准备资料

要点	内容
人才基础数据	岗位编制表、员工履历、绩效考核结果等。
业务关联信息	战略规划中的关键任务清单、未来半年项目人力需求表等。
外部参考数据	行业人才市场报告、竞对团队公开信息等。
管理诉求清单	优先级排序、可接受的成本范围等。

实战案例

业务目标描述

我是某互联网公司华东区研发中心 HRBP，团队现有 120 人（前端 40 人、后端 60 人、测试 20 人），负责本地生活类产品的迭代开发。公司要求未来半年将版本发布速度提升 40%，但目前高级工程师占比仅 15%（行业标杆为 30%），且新员工离职率高达 25%。

现状数据

1. 已知数据：20×× 年 Q1~Q3 招聘到岗率 85%，但关键项目仍依赖 10 名核心员工加班。
2. 缺失数据：未建立技术岗位的胜任力评分标准，无法量化新人成长速度。
3. 矛盾点：管理层认为"人数已达标"，但实际能用前沿技术的工程师不足 20 人。

分析指令

请你协助我
1. 使用"质量 – 数量矩阵模型"，分析现有团队在"关键技能覆盖率"与"人力冗余度"的平衡状态。
2. 结合行业薪资报告（前端高级工程师薪酬的市场均价为 35000 元 / 月），测算将高级工程师占比提升至 25% 所需的招聘 / 培养成本。
3. 输出 3 条短期行动建议（如"优先将 5 名中级工程师纳入 AIGC 培训计划"），并预估对版本发布速度的影响值。

注意事项

要点	内容
定义校准	AI 对质量的判断依赖输入数据，需提前统一标准。
偏差修正	AI 可能忽略软性因素，需结合 360 度反馈结果交叉验证。
动态更新	人才质量会随业务变化而波动，需每个季度更新数据。
合规边界	避免输入涉及个人隐私的数据，做数据脱敏处理。

7.4 用 AI 做招聘效能与成本分析

问题情景

1 最近公司业务扩张，招聘需求激增，但用人部门反馈到岗周期过长，用人成本也严重超支。这种情况该如何系统性优化？

2 这需要从招聘效能与成本分析入手。通过拆解岗位需求响应速度、单岗位招聘成本、渠道转化率等核心指标，能定位低效环节。比如，若猎头渠道费用占比高但录用率低，就需要调整渠道权重。

3 我们尝试过对比招聘渠道数据，但缺乏统一标准，结果难以说服业务部门改变策略。

4 关键在于建立多维分析框架。除了常规的简历转化率、到岗周期，还要结合岗位类型（比如技术岗／职能岗）、紧急程度（比如紧急／储备）、用人部门反馈（比如试用期留存率）交叉分析，才能输出有说服力的结论。

5 但用人部门总要求"越快越好"，压缩流程可能导致候选人质量下降，如何平衡效率和质量？

6 通过历史数据建模，可量化不同流程节点的质量影响系数。比如，技术岗笔试环节每增加 1 天，候选人接受率下降 5%，但试用期离职率降低 8%。用数据驱动决策，才能平衡各方诉求。

AI 提问框架

通用提问公式 = 业务背景 + 效能瓶颈 + 分析目标

业务背景 → 描述企业招聘业务的基本情况，为 AI 提供分析基准。

提问要素

- **企业规模与行业属性**：如互联网公司员工 1000 人，技术岗占比 60%。
- **招聘现状**：如年招聘量 500 人，当前平均到岗周期 45 天。
- **现行流程与工具**：如使用某系统，猎头渠道占比 30%。

效能瓶颈 → 明确当前招聘过程中影响效率与成本的核心问题，将模糊问题转化为可分析的指标，如将"招聘慢"转化为"简历积压时长占流程总耗时 60%"。

提问要素

- **量化痛点**：如技术岗简历初筛通过率仅 10%、猎头单岗位成本超预算 50%。
- **矛盾点**：如缩短面试流程导致用人部门投诉候选人质量下降。
- **对比基准**：如行业平均到岗周期为 30 天，我方为 45 天。

分析目标 → 提出需要通过 AI 解决的具体任务类型及预期成果。

提问要素

- **分析类型**：如根因分析、成本效益模拟、渠道效果排名。
- **交付形式**：如输出 Top3 低效环节，预测缩减猎头预算后的到岗周期变化。
- **限制条件**：如基层岗位人均成本不得高于 8000 元。

准备资料

要点	内容
招聘流程数据	各招聘环节耗时数据、候选人漏斗转化率等。
成本结构明细	各类招聘渠道费用、内部人力投入等。
岗位需求画像	岗位类型、紧急程度、胜任力模型等。
历史对比数据	过往季度招聘效率波动、竞品公司公开的招聘成本数据等。
组织限制条件	预算上限、用人部门的特殊要求等。

实战案例

业务背景

我是一家跨境电商公司的招聘主管，公司规模 500 人，年招聘量约 300 人，其中技术岗（Java/Python 工程师）占 40%，销售岗占 30%。当前使用 ATS（一种人力资源系统名称）系统管理招聘流程，主要渠道为猎头（占比 25%）、招聘网站（50%）、内推（25%）。近半年技术岗平均到岗周期达 50 天（行业平均 35天），猎头单岗位服务费超预算 20%，但销售岗内推转化率仅 8%（行业平均 15%）。

效能瓶颈

1. 渠道效率失衡：技术岗猎头费用占比高，但录用率仅 12%（内推渠道录用率为 18%）。
2. 流程冗余：技术岗需 5 轮面试（含 3 轮技术笔试），但 60% 候选人在第三轮放弃。
3. 成本超支风险：Q2 招聘总成本超预算 15%，主要因紧急岗位启用高价猎头。

分析目标

请你协助我
1. 分析技术岗各环节耗时与流失率的关系，定位可压缩的冗余流程。
2. 对比猎头、内推、招聘网站渠道的"单有效简历成本"和"录用留存率"（试用期 6 个月数据）。
3. 模拟两种优化方案的效果
· 方案 A：将猎头预算削减 10%，增加内推奖金。
· 方案 B：将技术岗面试轮次从 5 轮减至 4 轮，取消重复性笔试。

注意事项

要点	内容
数据颗粒度	需提供至少 3 个月的历史数据，避免 AI 因样本量不足误判趋势。
变量控制	明确排除不可控因素，如"本轮分析暂不考虑宏观人才市场波动"。
结果校验	AI 输出的渠道排名需与业务实际匹配，如内推渠道未必适合销售岗。
动态校准	季度性更新数据模型，识别可能发生的招聘渠道效果衰减。

7.5 用 AI 做员工留存与流失分析

问题情景

1 最近公司核心部门连续流失了三位高级工程师，管理层对人才稳定性非常不满。但每次离职面谈得到的理由都很模糊，比如"个人发展原因"，根本找不到改善方向，该怎么办？

2 这说明传统的离职面谈方法存在局限。员工在离开时往往不愿透露真实想法，必须通过系统化的留存与流失分析，从历史数据中挖掘深层规律。比如分析高流失群体的共性特征，才能真正定位问题。

3 我们也做过员工满意度调查，但数据分散在不同部门，很难关联起来。比如技术部抱怨晋升慢，但晋升数据在 HR 系统，项目压力数据在业务部门，怎么整合分析？

4 通过搭建多维数据模型，将薪酬、绩效、晋升、工作强度等指标交叉分析，能发现隐性风险点。比如，薪资涨幅低于同职级市场水平的员工，若叠加高强度项目压力，离职概率可能提升 3 倍。

5 但有些离职原因无法量化，比如直属领导的管理风格问题，这类主观因素怎么处理？

6 可以通过间接数据推测。比如某团队连续三个季度 360 度反馈中"领导支持度"得分低于公司均值 20%，且该团队离职率高于其他部门 35%，就能建立强相关性。数据不会说谎，即使员工不愿直言，规律依然存在。

AI 提问框架

通用提问公式 = 组织现状 + 流失特征 + 分析目标

描述行业背景、企业员工结构、管理现状，为 AI 提供分析基准。

组织现状

提问要素
- **行业背景：** 如所属行业人才竞争强度、市场薪酬水平参照系。
- **员工结构：** 如员工总数、岗位类型分布（如技术 / 销售 / 职能）、职级比例。
- **管理机制：** 如现有留存策略（如晋升体系）、数据采集方式（如满意度调研）。

明确当前员工流失的核心现象及潜在影响。

流失特征

提问要素
- **量化指标：** 如整体离职率、关键岗位流失率、高绩效员工离职占比。
- **时间规律：** 如离职高峰期（如年终奖发放后）、司龄集中段（如入职 2~3 年员工流失率陡增）。
- **关联线索：** 如离职人员与薪酬满意度、项目负荷、培训机会的关联性。

提出需要通过 AI 解决的任务类型及预期输出。

分析目标

提问要素
- **分析维度：** 如根因分析（如识别离职主因权重）、预测模型（如高风险员工识别）、策略模拟（如调整晋升周期的留存率变化）。
- **数据要求：** 如需关联的数据类型（如绩效考核 + 加班时长 + 薪酬增长）、对比基准（如行业平均离职率）。
- **决策支持：** 如期望的输出形式。

准备资料

要点	内容
员工基础数据	职级档案、薪酬结构、绩效考核记录、晋升历史等。
文化感知数据	匿名满意度调研结果、360 度评估报告、离职面谈摘要等。
行为动态数据	加班时长统计、项目参与度评分、培训参与记录、内部转岗申请等。
外部参照数据	行业人才流动报告、竞品企业公开的福利政策、岗位市场薪酬分位值等。
管理约束条件	预算限制、战略重点等。

实战案例

组织现状

我是一家金融科技公司的 HRBP，公司员工总数 800 人，技术岗占比 60%，销售岗 20%。现行留存措施包括年度调薪（平均涨幅 8%）、双通道晋升（管理岗／专家岗）。行业年均离职率为 18%，我方过去一年整体离职率为 22%，其中技术岗达 28%，且流失人员中 35% 为高绩效员工（近两年绩效评级 A 级及以上）。已采集数据包括：薪酬明细、绩效记录、培训参与率、项目负荷系数。

流失特征

1. 技术岗流失集中：入职 3~5 年的中级工程师流失率高达 40%，离职面谈高频词为"晋升瓶颈""工作生活失衡"。
2. 成本冲击：单个技术岗招聘成本平均为月薪的 2.5 倍，去年因流失导致的直接成本超预算 300 万元。
3. 预警缺失：现有系统无法提前识别离职倾向，往往在员工提交辞呈后才介入挽留，成功率不足 10%。

分析目标

请你协助我
1. 构建离职风险预测模型，识别技术岗员工中未来半年离职概率 > 50% 的个体，需关联薪酬竞争力（对比同行 75 分位值）、晋升延迟月数、项目负荷系数（高于团队均值 20% 即为预警）。
2. 分析"晋升延迟"与"离职率"的非线性关系。
3. 模拟两种干预方案的预期效果。
· 方案 A：对高风险员工提前晋升评审，预估成本及留存率变化。
· 方案 B：为入职满 3 年未晋升员工增设"技术津贴"，对比不同津贴幅度（5%~10%）的成本收益比。

注意事项

要点	内容
数据安全	员工隐私数据须脱敏处理，不直接使用员工姓名。
因果验证	AI 识别出的高风险因子需通过小样本访谈验证。
动态迭代	每季度更新数据模型，尤其关注外部市场变化。
成本校准	AI 生成的方案需标注实施成本，避免建议超出企业承受能力的策略。

7.6　用 AI 做薪酬与绩效关联分析

问题情景

1 最近公司员工对薪酬的抱怨越来越多，高绩效员工觉得付出与回报不成正比，低绩效员工却认为考核标准不公平。这种矛盾直接影响团队稳定性，该怎么系统性地解决？

2 这说明薪酬与绩效的关联性出现了断裂。薪酬体系必须与绩效结果动态挂钩，才能体现公平性。通过关联分析，可以识别出薪酬分配中的不合理点。

3 绩效评估本身就有主观性，比如销售团队的 KPI 容易量化，但职能部门的贡献很难用数据衡量。这种情况下如何保证分析的客观性？

4 绩效评估的难点在于指标设计，而非分析逻辑。即使是工作难量化的岗位，也可以通过"行为锚定法"将工作成果转化为层级评分。关联分析的核心是找到绩效评分与薪酬分布的相关性，而非绝对数值。

5 如果分析结果显示高绩效员工薪酬低于市场水平，但公司预算有限，该如何平衡？

6 关联分析提供决策依据而非直接答案。例如，也许分析后发现，仅对核心岗位（比如研发骨干）薪酬进行市场对齐，就能减少 80% 的离职风险，同时控制总成本。此外，还可以设计非货币激励（比如弹性工作）作为补充方案。

AI 提问框架

通用提问公式 = 背景定位 + 核心矛盾 + 分析目标

描述企业具体背景，帮助 AI 理解。

背景定位

提问要素
- **组织特征：** 如 500 人科技企业、传统制造转型期。
- **现有工具：** 如使用 Excel 手动统计、已有 ERP 但无关联模块。
- **历史问题：** 如过去三年调薪争议率上升 15%。

提炼薪酬与绩效脱节的具体表现，需转化为可量化矛盾。将模糊感受转化为精准问题，比如将"员工抱怨薪资低"转化为"高绩效员工薪资涨幅与行业差距达 8%"。

核心矛盾

提问要素
- **异常数据：** 如销售冠军薪资低于行业 50 分位值。
- **员工反馈：** 如离职调研中 60% 提及公平性问题。
- **业务影响：** 如研发人员主动流失导致项目延期率上升。

将分析需求转化为 AI 可执行的任务，比如将"优化薪酬体系"转化为"生成基于绩效分位值的薪酬对标表，并标注需调整岗位"。

分析目标

提问要素
- **数据需求：** 如需近三年绩效评分与薪资调整数据。
- **对比维度：** 如按部门、职级、司龄分层分析。
- **决策输出：** 如推荐薪酬带宽调整方案、设计浮动奖金触发机制。

准备资料

要点	内容
薪酬基础数据	历年薪资调整记录、福利成本明细等。
绩效原始材料	绩效考核表、特殊奖惩案例等。
行业对标信息	同行业薪酬报告、竞品激励方案等。
员工反馈素材	离职面谈记录、满意度调研中"薪酬公平性"模块结果等。

实战案例

背景定位

我是一家 200 人规模的软件公司的人力资源负责人，公司正处于从项目制向产品化转型期。现有薪酬体系沿用职级工资制，绩效以 KPI 达标率为主要依据。过去两年，产品部门离职率达 22%（行业均值 15%），核心技术人员抱怨"加班多但薪资涨幅不如销售"。

核心矛盾

1. 数据异常：产品经理岗绩效评分连续两年为 A 的员工，薪资涨幅中位数仅 5%（行业同岗位为 8%~10%）。
2. 员工反馈：离职技术骨干中 70% 在面谈时提到"同岗不同命"（如老员工薪资倒挂新人）。
3. 业务影响：因关键岗位空缺，产品迭代周期延长至 4 个月（原计划 3 个月）。

分析目标

请你协助我
1. 基于岗位价值、绩效表现、行业数据，生成产品技术序列的薪酬带宽建议表。
2. 识别现有绩效指标中与薪酬关联度低的条款（如需求文档完整性与项目收益无直接关联）。
3. 设计一套浮动奖金规则，将 10%~15% 的年薪与产品用户留存率、复购率等结果指标挂钩。

注意事项

要点	内容
数据清洗	需提前剔除异常值（如个别高管特殊协议薪资）。
多维度验证	AI 生成的薪酬对标结果需与招聘网站数据、猎头反馈交叉验证。
人性化落地	AI 可能建议"冻结低绩效部门调薪"，但需结合团队稳定性风险评估。
动态校准机制	建议每季度重新分析一次，监测绩效指标调整后的薪酬激励效果。

7.7 用 AI 做劳动效率与效能分析

问题情景

1 最近公司业务扩张后，员工数量翻了一倍，但整体产出却没有明显提升。管理层质疑团队效能，但我们连具体卡点在哪里都说不清楚，这种情况该怎么办？

2 需要系统性地开展劳动效率与效能分析。通过拆解员工工作量、流程耗时、资源分配合理性等维度，可以定位低效环节。比如，有些团队可能因为事务性工作过多挤占核心任务时间，或是跨部门协作流程冗余。

3 但各部门职责分散，数据口径也不统一，分析起来难度很大。管理层更关注"投入产出比"，如何量化这些抽象问题？

4 劳动效能分析的核心是将抽象问题转化为可衡量指标。比如用"人均产值增长率"衡量效率，用"关键任务按时交付率"评估执行力，再结合流程节点的耗时数据，就能发现资源错配或流程冗余的具体环节。

5 我们之前尝试过工时统计，但员工觉得被监控，配合度很低。这类分析如何避免引发抵触情绪？

6 关键在于明确分析目标，不是监控个体，而是优化系统。比如，匿名汇总数据后分析"会议耗时占比"或"审批流程平均滞留时长"，既能发现问题，又能减少员工顾虑。

AI 提问框架

通用提问公式 = 背景定义 + 效能瓶颈 + 决策目标

清晰描述组织当前状态，帮助 AI 理解业务场景的独特性。

提问要素
- 团队构成：如 200 人研发团队，下设 3 个产品线组。
- 业务类型：如对企业业务的软件交付，项目制运作。
- 现有管理工具：如使用 KPI 考核，但缺乏过程数据追踪。
- 近期变化：如半年内新员工占比达 40%。

明确当前影响效率的核心问题，需区分表象与本质，帮助 AI 聚焦关键矛盾。

提问要素
- 可观测的现象：如项目平均交付周期延长 15%。
- 关联性矛盾：如技术团队加班时长增加，但需求完成率下降。
- 已尝试的改进措施及效果：如推行敏捷管理后，会议时间增加 30%。

说明希望通过分析达成的具体管理目标，需具备可衡量性。将抽象需求转化为 AI 可执行的指令，如"生成流程优化方案或资源分配模型"。

决策目标

提问要素
- 期望优化的指标：如将审批流程耗时从 3 天缩短至 1 天。
- 优先级排序：如重点解决跨部门协作效率。
- 限制条件：如现有 IT 系统不支持实时数据抓取。

准备资料

要点	内容
基础数据	员工岗位说明书、近半年考勤记录、项目里程碑完成率等量化指标等。
流程文档	现有工作流程图、跨部门协作机制说明、会议管理制度等。
业务目标	公司年度战略中与人力资源相关的重点任务。
对比基准	行业人均效能报告、竞品公司公开披露的劳动生产率数据等。
员工反馈	匿名调研中关于工作障碍的高频关键词。

实战案例

背景定义

我是一家连锁零售企业的人力资源总监，负责全国 500 家门店、约 8000 名员工的效能管理。公司主营业务为快消品零售，采用"总部 – 区域 – 门店"三级管理体系。当前使用 ERP 系统（企业资源计划管理系统）统计基础考勤数据，但缺乏对员工具体工作负荷的分析工具。近半年客流量增长 20%，但单店人均销售额仅提升 5%，管理层要求优化人力资源配置效率。

效能瓶颈

1. 任务分配不均：部分门店员工日均工作时长超 10 小时，而低客流门店存在闲置人力。
2. 技能错配：30% 的员工因跨店调拨频繁，导致对新门店货品熟悉度不足，客户咨询响应速度下降 40%。
3. 流程延迟：促销活动执行需经"总部 – 区域 – 门店"三级审批，平均耗时 72 小时，错过最佳销售窗口期。

决策目标

请你协助我完成以下分析
1. 基于各门店客流量峰值数据，设计动态排班模型（需考虑员工通勤距离限制）。
2. 识别高频调拨对效能的负面影响，提出针对性培训或岗位固化方案。
3. 测算简化审批链条后可能提升的销售额，并列出 3 条风险控制措施。

注意事项

要点	内容
结果可解释性	要求 AI 同时输出分析逻辑（如将 A 门店员工加班时长与客流量曲线对比，发现人力调度滞后问题），便于向管理层汇报。
数据颗粒度校准	避免直接使用员工满意度等主观指标，优先选择任务完成耗时、系统操作日志等客观数据。
合规性检查	AI 建议若涉及调整考核标准，需提前比对相关法律法规关于工时、薪酬的规定。
试点验证机制	优先在小范围测试 AI 生成的方案，观察实际效果后再推广。

7.8 用 AI 做人力成本与收益分析

问题情景

1 公司今年营收增长了 15%，但利润率反而下降了 2%。财务部说人力成本占比从 25% 涨到 30%，但我们明明在严控岗位编制，矛盾到底出在哪？

2 这说明人力成本与收益的投入产出比失衡了。就像种地，不能只看种子（人力成本）用了多少，更要看收成（营收、利润）是否匹配。

3 我们曾尝试用人均创造价值评估，但发现不同岗位差异太大。比如销售人均创造价值 100 万元，但研发人均创造价值只有 30 万元，难道研发效率低？

4 需结合岗位特性分析人均创造价值。销售直接关联营收，但研发的价值可能体现在长期技术壁垒或产品竞争力提升上，这部分如果能够量化，才能和销售岗位直接对比价值，否则不建议不同岗位间对比。

5 如果分析显示某些老员工成本高但产出低，直接裁员风险太大，还有别的办法吗？

6 成本收益分析的目的不是裁员，而是优化配置。比如，将高成本员工从常规业务转向高价值项目（比如客户深度运营），或设计"弹性薪酬包"（基础薪资 + 超额利润分成），既能控制固定成本，又能激发潜力。

AI 提问框架

通用提问公式 = 情境定位 + 核心矛盾 + 分析目标

描述企业当前的情境，为 AI 提供分析背景，帮助 AI 理解"钱从哪来、花到哪去"。

情境定位 →

提问要素
- 组织规模：如 500 人研发型团队、全国分公司网络。
- 成本构成：如薪酬占比 70%、年度培训预算 500 万元。
- 业务关键指标：如客户续费率 65%、人均单产 20 万元 / 月。
- 时间范围：如近三年成本趋势、未来季度预算调整。

明确当前人力成本与收益失衡的具体表现，转化为可量化的问题。

核心矛盾 →

提问要素
- 成本异常点：如新员工流失率导致招聘成本翻倍。
- 收益缺口：如高绩效员工占比不足 10%。
- 对比基准：如行业平均人效是我们的 1.5 倍。
- 隐性风险：如老员工薪资倒挂可能引发离职潮。

要求 AI 通过数据推演或模型构建，提供可落地的解决方案。

分析目标 →

提问要素
- 分析类型：如成本效益对比、投入产出预测、优化方案模拟。
- 数据需求：如需调用过去五年行业薪酬数据、对比竞品公司福利成本。
- 决策输出：如推荐三种降本增效组合方案，预测不同方案对利润的影响。

准备资料

要点	内容
财务数据	薪资明细表、招聘 / 培训费用记录、历年人力成本占营收比等。
人力数据	员工绩效档案、晋升 / 离职记录、高潜人才库等。
业务数据	项目利润率、客户满意度、人均单产等。
行业基准	同行人效报告、区域薪酬调研数据等。
战略目标	未来三年业务扩张计划、重点岗位需求清单。

实战案例

情境定位

我是一家软件公司人力资源负责人，公司现有研发团队 300 人（其中 5 年以上老员工占 40%），年度人力成本占营收比达 35%（行业均值 28%）。近三年校招成本年均增长 15%，但新人一年内留存率仅 55%。

核心矛盾

1. 成本结构失衡：老员工薪资涨幅停滞，但"新人招聘 + 培养成本"占总人力成本 40%。
2. 产出断层：高绩效员工（Top10%）贡献了 60% 的项目收益，但占比不足 5%。
3. 战略错配：公司计划拓展人工智能物联网业务，但现有团队 80% 为传统 Web（网络）开发背景。

分析目标

请你协助我
1. 构建成本收益模型：量化不同资历员工（1~3 年 /4~6 年 /7 年以上）的单位产出价值。
2. 优化招聘策略：若将校招名额缩减 30%，转而通过猎头挖角人工智能物联网人才，对年度利润的影响如何？需提供成本对比表。
3. 设计激励方案：针对高潜员工（过去两年绩效排名前 20%），模拟"股权 + 项目分红"组合包的留存效果，并估算投资回报率。

注意事项

要点	内容
数据颗粒度	需确保输入 AI 的薪酬、绩效数据已剔除异常值（如极高薪 / 极低效个体）。
动态校准	建议每季度重新分析一次，因市场薪酬波动可能影响结论。
人性化修正	AI 可能建议"裁撤低效部门"，但需结合实际情况调整方案。
伦理边界	避免让 AI 直接输出可裁员名单，应聚焦成本优化方向而非裁员。

DeepSeek

赋能人力资源管理

（随书赠阅）

第 **1** 章

认识 Deepseek

新技术不断涌现，为人力资源工作带来了全新的机遇与挑战。Deepseek 作为一款具有强大功能的工具，正逐渐成为人力资源从业者手中的得力助手。它究竟有着怎样的独特魅力？又该如何正确且高效地运用它？接下来，就让我们一同深入探索 Deepseek 的奥秘，先从了解它是什么开始。

1.1 Deepseek 是什么

DeepSeek 诞生于 2023 年 7 月 17 日，背后有着深厚的技术与资源支撑。其研发公司杭州深度求索人工智能基础技术研究有限公司由量化投资领域的幻方量化创立。

在自然语言理解与生成方面，它支持多轮复杂上下文对话，无论是知识问答还是情感交流都能轻松应对。同时，在文本生成上，它能够撰写文章、邮件、代码、营销文案等，无论是创意写作还是结构化内容生成均不在话下，堪称文案工作者和文字工作者的得力助手。

DeepSeek 通过强大的语言理解、知识处理与内容生成能力，能够无缝融入人力资源从业者的日常工作中，成为瞬间理解你意图、响应你需求的"超级助手"。

DeepSeek 为人力资源管理工作的赋能？主要体现在以下几个关键维度。

1 解放双手：自动化繁琐文书，释放核心精力

（1）告别文档苦海：撰写员工通知、政策解读、培训材料、绩效评估反馈、会议纪要……这些占据大量时间的文书工作，DeepSeek 可以在几秒内生成高质量初稿。HR 只需提供核心要点或简单指令，即可获得结构清晰、语言专业的文本，大大节省时间，减少重复劳动。

（2）信息提炼专家：面对堆积如山的简历、冗长的员工调研报告、复杂的政策文件，DeepSeek 能快速阅读并精准提炼核心要点、关键数据和重要结论。HR 无需逐字阅读，瞬间掌握全局，将精力聚焦于人才甄别和决策分析上。

（3）沟通效率倍增器：无论是回复员工咨询的标准化邮件，还是撰写内部公告或企业文化宣传文案，DeepSeek都能快速生成得体、清晰的沟通内容，确保信息传递的一致性和专业性。

2 提升人才管理效能：更精准、更高效、体验更优

（1）智能招聘加速器：根据岗位核心要求，快速生成更具吸引力和准确性的职位描述，有效提升职位曝光度和候选人质量；辅助 HR 快速浏览大量简历，识别与岗位要求匹配的关键技能和经验，显著缩短筛选周期；生成针对特定岗位的结构化面试问题库或情景模拟题，提升面试的专业性和效率。

（2）培训发展新引擎：根据培训主题和目标，快速生成培训 PPT 大纲、讲解脚本、知识要点甚至随堂测试题，极大缩短课程开发周期；轻松将复杂的政策文件或操作手册转化为通俗易懂的员工学习指南或常见问题答疑；

（3）绩效与发展赋能者：提供撰写建设性绩效反馈的思路和建议，帮助管理者更清晰、客观地表达评估结果和发展期望；根据员工绩效表现或岗位发展路径，辅助生成个性化的能力提升建议或学习资源推荐。

3 深化员工体验与洞察：听见"员工心声"，构建温暖连接

（1）7×24 智能员工顾问：构建基于 DeepSeek 的问答助手，嵌入公司内部平台（如企业微信 / 钉钉）。员工可随时自助查询政策、福利、流程等常见问题（如年假怎么休、医保报销范围、入职流程是什么等），获得即时、准确的解答。这不仅大幅减轻 HR 事务性咨询压力，更提升了员工的满意度和服务体验。

（2）员工心声"聆听者"：利用 DeepSeek 强大的文本分析能力，自动处理和分析来自开放式调研问卷、内部论坛讨论、离职面谈记录等海量非结构化文本。它能快速识别员工普遍关注的话题、情绪倾向（积极／消极）、主要诉求甚至潜在风险点，为 HR 提供以往难以获取的、深度的员工体验洞察，为改进管理、提升留任率提供数据支持。

（3）政策沟通桥梁：轻松将复杂的规章制度转化为员工易于理解的说明文档或图文解读，确保政策有效传达和落地。

4 **增强决策支持：从数据到洞察，从经验到智能**

（1）定性信息挖掘：将散落在员工反馈、访谈记录中的宝贵定性信息，自动转化为可分析的结构化数据（如高频关键词、主题分类、情感分布），弥补纯定量数据的不足，让人才决策依据更全面、更深入。

（2）知识库：作为 HR 随身携带的"智库全书"，随时解答 HR 在劳动法规、薪酬福利设计、新兴 HR 趋势等方面的疑问，提供案例参考和思路启发，辅助专业判断和方案设计。

1.2　高效使用 Deepseek 的 5 大黄金法则

深入探索 Deepseek 助力人力资源管理之前，掌握其高效使用的方法至关重要。遵循以下 5 大黄金法则，能让你充分挖掘 Deepseek 的潜力，使其成为人力资源管理工作中的得力助手。

1 明确需求，精准指令

明确需求是与 Deepseek 有效交互的基础。在人力资源管理场景中，模糊的指令往往无法得到满意的结果。

例如，若你简单地问"帮我制定一个招聘计划"，Deepseek 可能给出一个通用性的框架，无法贴合企业特定的岗位需求、预算限制及时间安排。

相反，精准的指令应像这样："我是一家互联网公司的人力资源经理，要为新成立的大数据研发团队招聘 5 名数据分析师。预算为招聘总费用 10 万元，时间周期为从发布招聘信息起 1 个月内完成招聘流程。请为我制定详细的招聘计划，包括招聘渠道选择、各阶段时间节点、筛选标准以及预算分配方案。"

通过清晰阐述身份、任务详情、限制条件及期望结果，Deepseek 能生成高度定制化的方案，满足实际工作需求。

2 提供背景，助力理解

为 Deepseek 提供充分的背景信息，能使其更好地理解问题的来龙去脉，从而给出更具针对性和价值的回答。

以制定员工培训计划为例，若仅说 "为员工制定培训计划"，Deepseek 难以知晓员工的现有技能水平、岗位需求、企业未来发展方向等关键因素。

但如果补充背景信息："我们是一家传统制造业企业，近期决定向智能制造方向转型。现有员工大多从事基础生产操作，对自动化设备和工业软件的了解有限。为了推动企业转型，提升员工技能，使他们能够适应新的工作要求，请制定一份为期一年的员工培训计划，涵盖技术培训、管理培训等方面，针对不同岗位层级设计差异化的培训内容。"

这样详细的背景描述，能让 Deepseek 依据企业实际情况，规划出切实可行的培训路径，助力企业顺利实现转型目标。

3 拆分问题，逐步攻克

人力资源管理中常面临复杂问题，将其拆分成多个小问题，分阶段向 Deepseek 提问，是高效解决问题的策略。

比如在进行组织架构调整时，若直接询问"如何对公司进行组织架构调整"，得到的回答可能过于宽泛，缺乏可操作性。

若将问题拆分，首先问"基于我们公司目前的业务范围和发展战略，初步判断组织架构调整的方向和重点模块有哪些"。

接着针对重点模块，如销售部门，询问"销售部门在新的组织架构下，如何优化团队设置以提高销售业绩，包括团队规模、岗位分工等方面的建议"。

然后再探讨调整过程中的人员安置问题，如"在组织架构调整中，涉及部分岗位变动的员工，如何进行合理的岗位调配和再培训计划"。

逐步深入提问能引导 Deepseek 为组织架构调整提供全面且细致的方案。

4 规范格式，便于应用

在向 Deepseek 提问时，明确输出格式要求，能让结果更符合使用习惯，便于后续应用。例如在撰写人力资源报告时，你可以这样要求："请以 PPT 大纲的格式，为我梳理上季度公司人力资源各项指标的分析报告，包括员工招聘数量、离职率、培训完成率等关键指标，每个指标需配有简要分析和可视化建议，如柱状图、折线图等的使用说明。"

这样，Deepseek 生成的内容可直接作为 PPT 制作的基础框架，大大提高工作效率。

又比如在进行薪酬数据分析时，要求"将各部门不同岗位的薪酬数据以 Excel 表格形式呈现，包括岗位名称、平均薪酬、薪酬范围、与市场水平对比情况等，方便我进行进一步的数据处理和分析"，规范的格式输出有助于快速对接后续工作流程。

5 及时反馈，持续优化

Deepseek 的回答并非总是一次就能完全符合预期，此时及时反馈并引导其优化答案十分关键。当得到的结果存在不足时，不要放弃，而是进一步提出明确的改进要求。

比如在让 Deepseek 设计员工福利方案后，若觉得方案中对年轻员工的吸引力不足，可反馈："你给出的员工福利方案整体较为全面，但针对公司年轻员工占比较高的特点，希望能增加一些如弹性工作制度、线上学习资源、团队户外拓展等更受年轻人欢迎的福利项目，并重新评估预算分配，确保在不超支的前提下提升方案对年轻员工的吸引力。"

不断反馈和优化能让 Deepseek 给出的方案越来越贴合实际需求，为人力资源管理工作提供更优质的支持。

遵循这 5 大黄金法则，你将在与 Deepseek 的交互中如鱼得水，使其高效地服务于人力资源管理的各项工作，从繁琐的事务中解放出来，专注于更具战略性和创造性的任务。

1.3　使用 Deepseek 的 5 大注意事项

在借助 Deepseek 高效推进人力资源管理工作时，除了掌握使用技巧，还需留意一些关键事项，才能确保其应用的准确性与有效性，充分发挥工具价值。

■1 避免盲目依赖，保持独立思考

Deepseek 虽能提供丰富的方案与建议，但它终究是基于数据和算法生成内容，无法完全替代人力资源管理者的专业判断与经验。

在招聘环节，Deepseek 可能根据岗位关键词和常见筛选标准，推荐出符合条件的候选人名单。然而，某些候选人可能拥有潜在的创新能力或与企业文化高度契合的特质，却因未在简历中突出体现相关关键词，而被算法遗漏。

因此，在参考 Deepseek 建议的同时，管理者必须结合企业实际情况、岗位特殊需求以及面试过程中的直观感受，对结果进行二次评估与筛选，始终保持独立思考的能力，避免被工具所左右。

■2 结合企业实际，适配方案落地

Deepseek 给出的人力资源管理方案往往具有一定的通用性，若直接照搬，可能无法契合企业的实际情况。

以绩效考核方案为例，Deepseek 提供的模板可能适用于大多数企业，但不同企业的发展阶段、业务模式、员工构成等存在差异。新兴创业公司更注重激发员工的创新与开拓精神，而成熟的大型企业可能强调稳定与流程规范。

所以，当使用 Deepseek 生成的方案后，需深入分析企

业自身的发展战略、团队特点和管理风格，对方案进行调整和优化，确保其能够在企业内部顺利落地实施，真正起到提升管理效能的作用。

3 关注数据时效性，及时更新信息

人力资源管理领域的数据处于动态变化之中，无论是劳动力市场的薪酬水平、行业人才供需情况，还是企业内部的人员流动、岗位需求，都在不断变动。

Deepseek 依据历史数据和模型生成的分析与建议，若基于过时的数据，可能会导致决策失误。例如，在制定薪酬策略时，如果参考的是几个月前甚至更久之前的行业薪酬数据，给出的薪酬方案可能无法吸引到优秀人才。

因此，在使用 Deepseek 时，务必定期更新企业内部数据，并关注外部市场的最新动态，将最新、最准确的信息输入工具，以获取更具时效性和价值的结果。

4 多方验证结果，确保内容质量

Deepseek 输出的内容并非百分之百准确，尤其在一些复杂的人力资源问题上，可能存在信息偏差或逻辑漏洞。

在制定员工职业发展规划时，Deepseek 提供的晋升路径和培训建议，可能因对企业内部晋升机制和员工个人潜力的了解不够全面，而缺乏可行性。

为了规避这类风险，在获得 Deepseek 的结果后，我们应通过多种渠道进行验证。可以与部门负责人沟通，了解实际业务需求；参考行业内的成功案例；组织内部研讨会，听取同事的意见和建议，通过多方验证，提高内容的可靠性和质量。

5 保护企业信息，合理控制输出

在使用 Deepseek 过程中，不可避免会涉及到企业内部信息，如组织架构、薪酬体系、员工绩效等敏感数据。

在向 Deepseek 提问时，尽量避免输入涉及机密的内容，防止将包含敏感信息的内容误传或泄露。对于一些重要且敏感的人力资源管理决策，可先对相关信息进行脱敏处理，再借助 Deepseek 辅助分析，确保企业信息安全。

第

2

Deepseek
在人力资源核心职能中的应用

章

在充分认识了 Deepseek 之后，我们迎来了更为关键的部分——如何将 Deepseek 切实应用到人力资源管理的核心职能中。人力资源管理工作涵盖规划、招聘、培训、绩效、薪酬福利以及员工关系等多个重要方面。Deepseek 能够为这些核心职能的开展提供强大助力，让我们的工作更加高效、精准。接下来，就让我们看看具体要如何将它应用在各个核心职能中。

2.1　Deepseek 助力人力资源规划与驱动决策

人力资源规划是人力资源管理的起点与核心，它关乎企业战略目标的落地和未来人才的供需平衡。传统的人力资源规划往往依赖于历史数据、有限的市场信息和经验判断，过程繁琐、周期长，且难以应对快速变化的市场环境。

DeepSeek 能高效整合内外部海量信息，模拟多种情景，为 HR 提供数据驱动的洞察和可执行的规划方案，显著提升规划的精准性、前瞻性和效率。

场景一：组织战略解码与人力需求预测

痛点：企业战略调整时，HR 部门难以快速量化人力需求，导致招聘滞后或资源浪费。

解决方案：通过分析企业战略文件、业务目标及历史人力数据，Deepseek 可自动提取关键指标，结合行业对标数据，生成未来 3~5 年的人力需求预测模型。

提示词示例如下。

1. 战略目标解析："请分析以下战略文件（附件），提取核心业务目标，并转化为可量化的人力需求指标。"

2. 人力需求预测："基于公司历史人力数据（附件）及行业平均人力投入产出比（附件），结合 20XX 年营收增长 30% 的目标，预测未来 12 个月各部门的岗位需求，并生成优先级排序。"

3. 风险预警："若市场环境变化导致营收增长目标下调至 20%，重新预测人力需求，并标注可能冗余的岗位及技能。"

场景二：人才供需匹配与外部人才市场洞察

痛点：招聘部门难以实时掌握外部人才市场动态，导致招聘周期长、候选人质量低。

解决方案：通过爬取招聘网站、行业报告及社交媒体数据，Deepseek 可实时分析人才供需趋势、薪酬水平及技能缺口，为招聘策略提供数据支撑。

提示词示例如下。

1. 人才市场分析："请抓取近 6 个月'人工智能工程师'岗位在北上广深的招聘数据（附件），分析平均薪资、技能要求及企业规模分布，并标注竞争最激烈的 3 家企业。"

2. 技能缺口识别："结合公司未来 3 年技术规划（附件），对比当前员工技能矩阵（附件），识别出'云计算架构''自然语言处理'等领域的技能缺口，并推荐外部培训资源。"

3. 招聘策略优化："若公司计划在 20XX 年第 2 季度启动'海外市场拓展'项目，请分析目标国家（如新加坡、印尼）的本地化人才政策及招聘渠道，提出差异化招聘方案。"

场景三：组织效能诊断与决策支持

痛点：HR 难以通过传统报表发现组织效能瓶颈，导致资源分配不合理。

解决方案：通过整合 HR 系统数据及业务数据，Deepseek 可构建组织效能分析模型，识别低效环节并提出改进建议。

提示词示例如下。

1. 效能瓶颈分析："请分析 20XX 年第 3 季度各部门'人均产出''项目交付周期'及'员工离职率'数据（附

件），识别出效能最低的 3 个部门，并标注可能原因。"

2. 资源优化建议："若公司计划将 20XX 年人力成本控制在预算的 95% 以内，请基于当前效能数据，提出部门间人员调配方案及培训资源分配建议。"

3. 决策模拟："若对'销售部'实施'弹性工作时间'政策，请模拟未来 6 个月对员工满意度、业绩及人力成本的影响，并生成风险评估报告。"

用 Deepseek 重塑人力资源规划，能够实现从经验驱动到数据驱动，整合多源数据，消除信息孤岛，使规划决策更科学；从静态预测到动态调整，监控内外部环境变化，自动更新预测模型，提升规划敏捷性；从被动响应到主动干预，通过效能诊断与风险预警，提前识别问题并制定应对策略。

2.2 Deepseek 助力高效精准人才招聘与选拔

在人才竞争日益激烈的当下，招聘效率与精准度成为企业核心竞争力的重要体现。传统招聘流程依赖人工筛选简历、主观面试评估，存在效率低、成本高、标准不统一等问题。Deepseek 可深度解析候选人信息、优化招聘流程、提升评估科学性。

场景一：智能简历解析与精准人岗匹配

痛点：大量简历人工筛选耗时且易遗漏关键信息，导致优质候选人流失。

解决方案：通过解析简历文本结构（如教育背景、工作经历、项目成果），结合岗位JD（Job Description）中的硬性要求（如学历、技能）与软性要求（如沟通能力、团队协作），Deepseek可以自动计算候选人与岗位的匹配度，并生成可视化报告。

提示词示例如下。

1. 简历结构化提取："请解析以下简历（附件），提取关键字段：最高学历、工作年限、核心技能、项目经验。"

2. 人岗匹配度计算："基于岗位JD（附件）中要求的'3年以上Java开发经验'、'熟悉Spring Boot框架'、'具备团队管理经验'，计算候选人张三（简历见附件）的匹配度，并标注优势与不足。"

3. 优先级排序："根据收到的50份'数据分析师'岗位简历（附件），请根据岗位JD（附件）中的'硬性要求'（如学历、证书）与'软性要求'（如逻辑思维、抗压能力）进行匹配度排序，并筛选出前10名候选人。"

场景二：AI面试官与候选人深度评估

痛点：面试官经验差异导致评估方法和标准不统一，且难以全面考察候选人的隐性能力（如抗压能力、学习能力）。

解决方案：Deepseek生成统一的面试问题和评估标准，分析候选人的面试表现和能力水平，并生成多维评估报告。

提示词示例如下。

1. 面试问题生成："针对'产品经理'岗位，生成5道结构化面试题，需覆盖需求分析、团队协作及创新能力。"

2. 能力画像生成："基于候选人李四的面试表现（附

件）及简历数据（附件），生成其能力画像，标注优势领域与待提升领域，并推荐个性化培训建议。"

场景三：招聘效能分析与流程优化

痛点：HR 难以量化招聘效果，导致流程优化缺乏数据支撑。

解决方案：Deepseek 通过整合招聘渠道数据（如简历来源、转化率）、面试官反馈及候选人评价，生成招聘效能仪表盘，识别低效环节并提出改进建议。

提示词示例如下。

1. 渠道效果分析："分析 20XX 年第 3 季度'Java 开发工程师'岗位的招聘数据（附件），对比不同渠道（如 BOSS 直聘、猎聘）的简历投递量、面试通过率及入职率，标注最优渠道并给出预算分配建议。"

2. 面试官效能评估："基于面试官王五在 20XX 年的面试记录（附件），计算其平均面试时长、候选人通过率及入职转化率，并对比部门平均水平，标注需改进的评估维度。"

3. 流程优化建议："若'数据分析师'岗位的招聘周期长达 45 天（附件），请分析流程瓶颈，并提出优化方案。"

Deepseek 能够重塑招聘与选拔，从人工筛选到智能匹配，通过 AI 技术替代重复性工作，释放 HR 生产力；从单一维度到多维评估，结合显性能力与隐性特质，提升选拔精准度。

2.3 Deepseek 助力快速个性培训与人才发展

在知识更新加速、业务需求快速迭代的背景下，传统的培训模式已难以满足员工个性化发展需求。Deepseek 可精准分析员工能力短板、动态匹配学习资源，推动人才发展从被动接受转向主动赋能。

场景一：员工能力画像构建与技能差距分析

痛点：企业难以全面、动态掌握员工能力现状，导致培训需求分析依赖主观判断，资源分配低效。

解决方案：通过整合员工履历数据（如教育背景、项目经验、培训记录）、绩效评估结果及日常沟通记录（如邮件、会议纪要），Deepseek 可自动生成多维能力画像，并对比岗位胜任力模型，精准识别技能差距。

提示词示例如下。

1. 能力画像生成："基于员工王芳的简历（附件）、近 12 个月绩效评估报告（附件）及参与的 3 个项目文档（附件），构建其能力画像，标注核心技能及对应熟练度（1~5 级）。"

2. 技能差距对比："将王芳的能力画像与'高级产品经理'岗位胜任力模型（附件）进行对比，标注技能缺口，并量化差距程度。"

3. 群体分析报告："针对技术部全体员工（数据见附件），生成技能差距热力图，标注高频技能短板，并推荐优先级最高的 3 项培训课程。"

场景二：个性化学习路径推荐与资源智能匹配

痛点：员工学习需求差异大，传统培训课程难以兼顾个性化与系统性，导致学习效果参差不齐。

解决方案：基于员工能力画像、职业目标及岗位发展路径，Deepseek 可自动推荐定制化学习计划，并从企业知识库、外部公开课及行业报告中智能匹配学习资源。

提示词示例如下。

1. 学习路径规划："根据员工李明的当前能力画像（附件）及职业目标，结合公司技术晋升通道（附件），生成其未来 12 个月的学习路径，需包含必修课程与选修方向。"

2. 资源智能匹配："为李明推荐 3 门匹配其学习路径的课程，需满足以下条件……"

3. 动态调整机制："若李明在 3 个月后能力画像更新，重新调整其学习路径，删除已掌握技能的课程，并新增'云原生架构设计'相关资源。"

场景三：培训效果评估与人才发展闭环

痛点：培训效果评估依赖考试或满意度调查，难以量化能力提升与业务贡献，导致人才发展缺乏闭环。

解决方案：通过对比培训前后员工能力画像、绩效数据及项目成果，Deepseek 可量化培训投资回报率，并联动晋升、调薪等人才管理决策。

提示词示例如下。

1. 效果量化分析："对比员工赵雷在参加'数据分析进阶'培训前（20XX 年 Q1）与培训后（20XX 年 Q3）的能力画像（附件），计算其'数据建模'技能熟练度提升幅度，并关联同期绩效评分变化。"

2. 业务影响追踪："分析赵雷在培训后主导的'用户留存优化'项目（附件），量化培训对业务指标的贡献。"

3. 人才发展联动："基于赵雷的培训效果评估结果（附件），生成其晋升建议及下一阶段发展计划。"

Deepseek 重塑培训与人才发展，从标准化到个性化，通过能力画像与智能推荐，满足员工差异化需求；从知识灌输到能力转化，通过智能陪练与实战模拟，缩短能力提升周期；从孤立培训到生态闭环，通过效果评估与人才联动，驱动组织能力升级。

2.4 Deepseek 助力绩效管理从流程到价值创造

传统绩效管理常陷入目标设定脱离战略、过程反馈滞后、评估依赖主观判断，导致员工动力不足、组织目标难以落地等困境。Deepseek 通过目标智能拆解、过程动态追踪、评估科学化及结果价值转化，能够推动绩效管理从考核工具升级为价值创造引擎。

场景一：战略目标智能拆解与个人目标对齐

痛点：企业战略难以有效分解至部门与个人，导致目标断层与执行偏差。

解决方案：Deepseek 能够解析企业战略文档（如年度规划、董事会报告），结合组织架构与岗位说明书，自动拆解战略目标至部门级 KPI 及个人 OKR，并生成目标对齐关系图。

提示词示例如下。

1. 战略目标解析："解析公司 20XX 年战略文档（附件），提取核心战略方向，并标注优先级（高/中/低）。"

2. 部门级 KPI 生成："基于战略方向'提升客户留存率至 85%'，为客服部生成 3 项 KPI，需包含：量化指标、过程指标、创新指标。"

3. 个人 OKR 对齐："为客服部员工李娜生成与部门 KPI 对齐的 OKR，需满足……"

场景二：绩效评估科学化与公平性优化

痛点：评估依赖主观打分，易受近因效应、光环效应等影响，导致员工质疑公平性。

解决方案：通过多源数据融合（如目标完成度、同事 360 度评价、客户反馈）与算法校准，Deepseek 可生成客观、多维的绩效评估结果，并自动识别异常评分（如某管理者对下属打分普遍偏高）。

提示词示例如下。

1. 多源数据融合评估："综合以下数据对员工赵敏进行绩效评估（附件）：目标完成度；同事 360 度评价；客户净推荐值评分；历史绩效对比。"

2. 异常评分识别："分析技术部管理者陈辉对下属的绩效评分（附件），标注异常值（如对所有下属打分 ≥ 4.5/5），并生成校准建议。"

3. 评估报告生成："生成赵敏的绩效评估报告，需包含：综合评分、优势领域、待改进领域、发展建议。"

场景三：绩效结果价值转化与人才发展联动

痛点：绩效结果仅用于薪酬调整，未与晋升、培训等人才决策深度联动，导致激励效果有限。

解决方案：通过关联绩效数据与人才发展系统，Deepseek 可推荐晋升候选人、培训资源及职业路径，并模拟不同激励方案对组织效能的影响。

提示词示例如下。

1. 晋升推荐："基于 20XX 年度绩效评估结果（附件），筛选出符合晋升'高级产品经理'条件的候选人，需满足：连续两年绩效排名前 10%；主导过至少 1 个营收超 500 万的项目；通过'领导力潜力测评'（评分 ≥ 4.2/5）。"

2. 培训资源匹配："为绩效评估中'创新提案数量不足'的员工生成培训计划，推荐课程包括：内部课程、外部资源、实践模拟。"

3. 激励方案模拟："模拟以下激励方案对 20XX 年销售团队绩效的影响：方案 A：超额奖金比例从 10% 提升至 15%；方案 B：新增'年度 TOP10'海外旅游奖励；输出预测结果。"

Deepseek 重塑绩效管理价值，从模糊拆解到精准对齐，通过智能拆解与可视化对齐，确保战略穿透力；从主观评判到数据决策，通过多源数据融合与算法校准，提升评估公信力；从单一用途到生态联动，通过结果价值转化，驱动人才发展与组织效能双提升。

2.5 Deepseek 助力薪酬福利管理与数据分析

薪酬福利管理是人力资源管理的核心环节，却常陷入数据孤岛、决策滞后、公平性争议等困境。Deepseek 通过整合内外部薪酬数据、模拟福利方案效果、量化薪酬公平性，能推动薪酬福利管理从被动执行转向战略驱动。

场景一：薪酬竞争力分析与市场对标

痛点：企业难以实时掌握市场薪酬动态，导致薪酬水平滞后于行业，引发人才流失风险。

解决方案：通过抓取公开薪酬数据（如行业报告、招聘网站）、整合内部薪酬数据库，Deepseek 可自动生成薪酬竞争力分析报告，并标注与市场基准的差距及优化建议。

提示词示例如下。

1. 市场薪酬数据整合："抓取近半年'互联网行业－人工智能算法工程师'岗位的薪酬数据（来源：某招聘平台、第三方薪酬报告），提取关键指标（如 P50 薪酬、P75 薪酬、热门城市差异）。"

2. 内部薪酬对标："将公司算法工程师岗位薪酬（附件，含职级、司龄、绩效等级）与市场 P50 薪酬进行对标，标注：整体竞争力、职级差异、绩效影响。"

3. 薪酬优化建议："基于对标结果，生成薪酬优化方案，需包含：短期调整和长期策略。"

场景二：福利方案智能设计与员工满意度预测

痛点：福利设计依赖传统调研，员工参与度低，福利成本高但满意度低。

解决方案：通过分析员工历史福利选择数据、社交媒体讨论及离职访谈记录，Deepseek 可预测员工对不同福利方案的偏好及满意度，并生成个性化福利组合。

提示词示例如下。

1. 福利偏好分析："分析公司近 3 年福利选择数据（附件），标注高频福利及低参与率福利。"

2. 满意度预测模型："基于福利偏好数据及离职访谈记录（附件），构建福利满意度预测模型，输入以下变量：福利成本、福利类型、输出预测结果。"

3. 个性化福利推荐："为 30~35 岁已婚员工生成福利组合建议，需包含：必选福利、可选福利、预算分配。"

场景三：薪酬公平性量化与风险预警

痛点：薪酬分配依赖主观判断，易引发内部公平性质疑，导致团队凝聚力下降。

解决方案：通过分析薪酬数据（如职级、绩效、性别、司龄）与岗位价值评估结果，Deepseek 可量化薪酬公平性，并预警潜在风险（如性别薪酬差距、同岗不同酬）。

提示词示例如下。

1. 薪酬公平性分析："对比技术部与市场部同职级（P5）员工的薪酬数据（附件），标注：部门间差异、性别差异、绩效关联性。"

2. 风险预警报告："生成薪酬公平性风险预警报告，需包含：高风险领域、风险等级、整改建议。"

3. 薪酬调整模拟："模拟以下调整方案对薪酬公平性的影响：方案 A，将女性 P5 薪酬提升至男性同级 95% 水平；方案 B，统一绩效系数计算规则，减少主观评分影响；

输出结果。"

Deepseek 可以重塑薪酬福利管理价值，从经验决策到数据驱动，通过实时市场对标与内部数据分析，提升薪酬竞争力；从标准化福利到个性化体验，通过员工偏好预测与福利组合设计，提升员工满意度；从被动合规到主动公平，通过薪酬公平性量化与风险预警，降低组织风险。

2.6　Deepseek 助力员工关系管理与氛围营造

员工关系管理与氛围营造是企业可持续发展的基石。Deepseek 能够将员工反馈、行为数据转化为可量化的洞察，推动员工关系和氛围营造从被动响应转向主动预防。

场景一：冲突预警与员工关系风险识别

痛点：员工矛盾常因缺乏早期干预而升级，导致团队效率下降甚至人才流失。

解决方案：通过分析内部沟通记录（如邮件、即时通讯工具）、员工满意度调查文本及离职访谈记录，Deepseek 可识别高风险对话模式（如情绪化表达、负面关键词）、部门间协作摩擦点，并生成预警报告。

提示词示例如下。

1. 高风险对话识别："分析销售部与技术部近 3 个月协作邮件（附件），标注以下内容：负面情绪关键词、冲突升级信号、涉及人员及频次。"

2. 离职风险预测："基于离职员工访谈记录（附件），

提取高频离职原因，并预测当前员工中可能存在高离职风险的人员。"

3. 冲突预警报告："生成员工关系风险预警报告，需包含：高风险部门、关键矛盾点、干预建议。"

场景二：员工敬业度与文化认同度分析

痛点：传统敬业度调查依赖问卷，数据滞后且易受主观影响，难以反映真实文化认同。

解决方案：通过分析员工在内部论坛、社交媒体、匿名反馈平台的文本数据，Deepseek可量化员工敬业度（如对工作价值感的认可）、文化认同度（如对价值观的践行程度），并关联业务结果（如客户满意度、项目交付效率）。

提示词示例如下。

1. 敬业度文本分析："分析员工在内部论坛'工作感悟'板块近半年的发帖（附件），标注：正面情感关键词、负面情感关键词、敬业度评分。"

2. 文化认同度评估："对比员工日常行为数据与企业文化价值观（附件），评估各部门文化认同度，标注高认同部门和低认同行为。"

3. 业务关联性分析："关联敬业度与文化认同度数据与业务结果，生成可视化报告，标注需重点改进的领域。"

场景三：员工心声倾听与组织氛围优化

痛点：员工反馈渠道分散，管理层难以全面掌握员工真实需求，导致改进措施脱节。

解决方案：通过整合匿名反馈、座谈会记录、员工调研数据，Deepseek可提炼员工核心诉求（如职业发展、工作生活平衡），并生成组织氛围优化方案（如调整晋升机制、引入弹性工作制）。

提示词示例如下。

1. 员工诉求聚类分析："对近半年员工匿名反馈（附件）进行主题聚类，标注高频诉求及关联部门。"

2. 组织氛围诊断："结合员工诉求与业务数据，诊断组织氛围健康度，标注优势领域和改进领域。"

3. 氛围优化方案："生成组织氛围优化方案，需包含：短期措施、长期策略、效果预测。

Deepseek 能够重塑员工关系与文化建设价值，从被动响应到主动预防，通过风险预警与冲突识别，降低员工关系危机成本；从模糊感知到精准量化，通过文本分析与数据关联，将文化软实力转化为硬指标；从单向传播到行为驱动，通过个性化内容与标杆案例，推动价值观落地；从分散反馈到系统优化，通过心声整合与氛围诊断，提升组织健康度。

第

3 章

Deepseek
提升人力资源管理工作效率

经过对 Deepseek 在人力资源核心职能中应用的了解，我们已然见识到它为工作带来的诸多积极改变。而提升工作效率，一直是人力资源管理追求的重要目标之一。Deepseek 不仅能在核心职能上发挥作用，更能在日常工作的多个方面，帮助我们节省时间、减少繁琐流程，从而让整个人力资源管理工作更加高效有序。接下来，就让我们一同看看 Deepseek 是如何在生成报告、整合数据以及生成文档等方面，为提升工作效率贡献力量的。

3.1 Deepseek 生成各类人力资源管理报告

人力资源管理报告是战略决策与日常运营的关键依据，但以往 HR 做报告依赖人工数据整合与模板填充，存在耗时低效、数据滞后、洞察浅表等问题。Deepseek 可自动化生成覆盖招聘、培训、薪酬、员工关系等模块的深度报告，并嵌入趋势预测与策略建议。

报告类型一：组织健康度诊断报告

痛点：组织问题依赖管理者主观判断，难以量化文化健康度、协作效率与风险隐患。

解决方案：Deepseek 能整合员工行为数据（如协作频率、知识共享次数）、文化价值观践行数据，生成组织健康度诊断报告，标注优势领域与改进方向。

提示词示例如下。

1. 协作效率分析："分析跨部门协作记录（附件），标注高协作效率团队和低协作效率环节。"

2. 文化践行度评估："对比员工行为与文化价值观（附件），标注高践行度行为和低践行度行为。"

3. 风险预警与策略建议："生成组织健康度预警报告（附件），标注高风险领域和改进策略。"

报告类型二：人力资源战略规划报告

痛点：战略规划依赖历史数据与经验，难以预测未来人才需求与成本变化。

解决方案：Deepseek 能结合业务目标（如营收增长、新市场拓展）、人才流动预测、薪酬市场趋势，生成人力资源战略规划报告，标注人才缺口、成本预算与关键举措。

提示词示例如下。

1. 人才需求预测："关联公司20XX年业务目标与历史人才数据（附件），标注关键岗位需求和人才获取策略。"

2. 成本预算模拟："基于薪酬市场趋势（附件）与业务增长预期，模拟未来3年人力成本，标注薪酬成本增幅和成本优化空间。"

3. 战略举措与里程碑："生成人力资源战略规划，需包含短期举措和长期目标。"

报告类型三：招聘效能分析报告

痛点：招聘数据分散在多个系统（如招聘平台、ATS、面试反馈表），难以量化招聘效率与质量，导致人才流失风险。

解决方案：Deepseek能整合招聘渠道数据、候选人评估记录、新员工绩效数据，生成招聘效能分析报告，标注渠道投资回报率、人才匹配度及流失预警。

提示词示例如下。

1. 渠道效果对比："对比近半年招聘渠道数据（附件，含岗位、渠道、简历量、入职人数），标注转化率最高的渠道和成本效益最优的渠道。"

2. 人才匹配度分析："关联候选人面试评分（附件）与新员工6个月绩效数据（附件），标注高匹配度岗位和低匹配度环节。"

3. 流失预警与改进建议："基于新员工离职数据（附件），生成流失预警报告，标注高流失风险岗位和改进建议。"

报告类型四：培训效果评估报告

痛点：培训效果依赖学员主观反馈，难以量化知识转化与行为改变，导致培训资源浪费。

解决方案：结合培训签到记录、课后测试成绩、业务数据（如项目交付效率、客户满意度），Deepseek能生成培训效果评估报告，标注投资回报与改进方向。

提示词示例如下。

1. 知识掌握度分析："对比培训前后测试成绩（附件），标注提升显著的课程和需优化的课程。"

2. 行为改变量化："关联培训内容与业务数据（附件），标注培训后行为改善案例和无显著改变的领域。"

3. 投资回报计算与优化建议："基于培训成本（附件）与业务收益（附件），计算培训投资回报，并生成优化建议。"

Deepseek能够重塑人力资源报告价值，从手工整合到自动化生成，通过多源数据整合，缩短报告生成周期；从静态描述到动态预测，通过趋势分析与模拟，推动前瞻性决策；从数据罗列到洞察驱动，通过关联分析与策略建议，提升报告决策价值。

3.2　Deepseek整合分析多源人力资源管理数据

人力资源管理数据分散在招聘系统、培训平台、考勤工具、绩效系统、薪酬模块等多个独立系统中，导致HR

难以形成全局视角，决策依赖片段化信息而非系统性洞察。Deepseek 可打破数据孤岛，实现从数据整合到深度分析的全链路赋能。

场景一：招聘与绩效数据关联分析，优化人才筛选标准

痛点：招聘环节侧重学历、经验等显性条件，但入职后绩效表现与招聘评估的关联性未被量化，导致"招错人"成本高昂。

解决方案：用 Deepseek 整合招聘系统中的候选人评估数据（如笔试成绩、面试评分）与绩效系统中的实际工作表现数据（如项目完成率、客户满意度），生成招聘－绩效关联分析报告，标注高匹配度人才特征与低效筛选环节。

提示词示例如下。

1. 人才匹配度分析："关联近一年招聘数据（附件，含岗位、候选人评估结果）与绩效数据（附件，含绩效评分、项目成果），标注高匹配度和低匹配度的情况。"

2. 筛选标准优化建议："基于关联分析结果，生成招聘筛选标准优化建议，例如增加环节或降低权重。"

3. 高潜人才预测："结合候选人背景数据（附件，如项目经验、技能标签）与历史高绩效员工特征，预测当前候选人中可能成为高潜人才的人员。"

场景二：薪酬与绩效数据关联分析，构建公平激励体系

痛点：薪酬调整依赖主观评估或简单工龄、职级规则，未与绩效贡献深度挂钩，导致"大锅饭"现象或核心人才流失。

解决方案：用 Deepseek 整合薪酬系统中的薪资数据（如基本工资、奖金）与绩效系统中的评估结果（如 KPI

完成率、360度反馈），生成薪酬－绩效关联分析报告，标注薪酬公平性风险与激励优化方向。

提示词示例如下。

1. 内部公平性诊断："对比同职级员工薪酬（附件）与绩效评分（附件），标注薪酬与绩效倒挂案例和过度激励案例。"

2. 激励效果评估："关联薪酬调整记录（附件）与后续绩效变化（附件），标注有效激励措施和无效激励措施。"

3. 薪酬体系优化建议："基于分析结果，生成薪酬体系优化方案。"

场景三：员工行为与文化数据关联分析，推动价值观落地

痛点：企业文化传播依赖口号与活动，员工日常行为与价值观的关联性未被量化，导致"文化两张皮"现象。

解决方案：用Deepseek关联员工行为数据（如协作频率、知识共享次数）与文化价值观践行数据（如匿名反馈、价值观评估），生成行为－文化关联分析报告，标注文化践行标杆与改进领域。

提示词示例：

1. 价值观践行度分析："对比员工日常行为数据（附件，如跨部门协作记录）与文化价值观，分析价值观践行情况。"

2. 文化标杆案例挖掘："从行为数据中筛选符合价值观的案例，生成可传播的故事模板。"

3. 文化落地策略："基于分析结果，生成文化落地策略。"

Deepseek 能够重塑多源数据整合分析价值，从数据孤岛到全局视角，通过跨系统数据关联，打破信息壁垒；从主观判断到数据验证，通过量化分析验证管理假设，降低决策风险；从单向传递到双向优化，通过业务结果反向优化管理流程，形成闭环。

3.3 Deepseek 快速生成与更新标准化流程文档

在人力资源管理中，标准化流程文档是确保管理一致性、降低合规风险的核心工具。然而，传统文档编写依赖人工经验，存在更新滞后、表述模糊、版本混乱等问题，导致执行效率低下或操作偏差。Deepseek 可自动化生成标准化流程文档，并实时响应政策、业务或组织结构变化进行动态更新。

场景一：招聘流程标准化文档生成与优化

痛点：招聘流程分散在多个角色（如 HR、用人部门、面试官）的沟通记录中，缺乏统一文档，导致候选人体验不一致、面试效率低下。

解决方案：用 Deepseek 基于招聘系统数据、过往面试记录及合规要求，生成招聘全流程标准化文档，涵盖从需求审批到入职管理的全环节，并标注关键控制点与合规风险提示。

提示词示例：

1. 全流程文档生成："根据以下信息生成招聘流程标

准化文档：招聘需求审批流程（附件）；候选人筛选标准（附件）；面试环节安排（附件）；合规要求（附件）。文档需包含：流程图、各环节操作指南、合规风险提示。"

2. 流程优化建议："基于历史招聘数据（附件：面试周期、候选人流失率），生成流程优化建议。"

场景二：培训流程标准化文档生成与迭代

痛点：培训流程依赖线下沟通与临时通知，缺乏系统性文档，导致培训计划执行混乱、资源浪费或效果评估缺失。

解决方案：用 Deepseek 整合培训需求分析、课程设计、讲师安排与效果评估数据，生成培训全流程标准化文档。

提示词示例：

1. 培训全流程文档生成："根据以下信息生成培训流程标准化文档：培训需求分析流程（附件）；课程设计与开发标准（附件）；培训实施与评估流程（附件）。文档需包含：流程图、各环节操作指南、效果评估标准。"

2. 迭代机制设计："基于培训效果数据（附件），生成培训流程迭代建议。"

场景三：员工关系处理标准化文档生成与合规管理

痛点：员工关系问题（如离职谈判、劳动纠纷）依赖个人经验处理，缺乏标准化流程，导致处理结果不一致或法律风险。

解决方案：用 Deepseek 关联劳动法条款、历史案例库与内部政策，生成员工关系处理标准化文档，涵盖从问题分类到解决方案的全流程，并标注法律风险与话术模板。

提示词示例：

1. 问题分类与流程生成："根据以下信息生成员工关

系处理标准化文档：问题分类标准（附件）；法律条款库（附件）；历史案例库（附件）。文档需包含：流程图、各环节操作指南、法律风险提示。"

2. 话术模板库："生成员工关系处理话术模板库。"

场景四：绩效管理流程标准化文档生成与目标对齐

痛点：绩效目标设定、评估与反馈依赖主观判断，缺乏标准化流程，导致目标模糊、评估不公或激励失效。

解决方案：用 Deepseek 关联业务目标、岗位说明书与历史绩效数据，生成绩效管理全流程标准化文档，涵盖从目标设定到结果应用的各环节，并嵌入目标对齐工具。

提示词示例：

1. 绩效全流程文档生成："根据以下信息生成绩效管理标准化文档：目标设定流程（附件）；评估标准（附件）；结果应用规则（附件）。文档需包含：流程图、各环节操作指南、目标对齐工具。"

2. 目标对齐建议："基于业务目标（附件：公司年度战略规划）与岗位说明书（附件），生成目标对齐建议。"

Deepseek 能够重塑流程文档管理价值，从人工编写到自动生成，通过数据关联与结构化分析，缩短文档编写周期；从模糊执行到标准化操作，通过流程图、操作指南与合规提示，提升执行一致性。